中学物理教材分析

魏华 王运淼 杨清源 编著

Zhongxue Wuli Jiaocai Fenxi

中学物理教学系列丛书
丛书主编 隗功民

高等教育出版社·北京

内容简介

本书从教学实践出发，以提升中学物理教学质量为主旨，以提升中学生的物理学科核心素养为目的，主要阐释了如何对中学物理教材进行分析，其内容既有理论层面的解读，又有翔实具体的案例分析。本书主要内容包括如何进行教材体系和逻辑结构的分析，如何进行教材重、难点分析，如何通过分析确定教学目的和教学要求等，其中所涉及的案例以高中物理教学为主。

本书是为首都师范大学物理系师范特色班的本科生编写的选修课教材。对于新入职的中学物理教师、中青年物理教师，本书也是一本非常有益的参考书。

图书在版编目（CIP）数据

中学物理教材分析 / 魏华，王运淼，杨清源编著. ——北京：高等教育出版社，2016.9（2025.5重印）
（中学物理教学系列丛书 / 隗功民主编）
ISBN 978-7-04-045965-4

Ⅰ.①中⋯ Ⅱ.①魏⋯ ②王⋯ ③杨⋯ Ⅲ.①中学物理课-教学研究-师范大学-教材 Ⅳ.①G633.72

中国版本图书馆 CIP 数据核字（2016）第 170612 号

| 策划编辑 | 王　硕 | 责任编辑 | 高聚平 | 封面设计 | 张申申 | 版式设计 | 马敬茹 |
| 插图绘制 | 杜晓丹 | 责任校对 | 李大鹏 | 责任印制 | 存　怡 | | |

出版发行	高等教育出版社	咨询电话	400-810-0598
社　　址	北京市西城区德外大街 4 号	网　　址	http://www.hep.edu.cn
邮政编码	100120		http://www.hep.com.cn
印　　刷	肥城新华印刷有限公司	网上订购	http://www.hepmall.com.cn
			http://www.hepmall.com
开　　本	787mm×1092mm　1/16		http://www.hepmall.cn
印　　张	8.5	版　　次	2016 年 9 月第 1 版
字　　数	200 千字	印　　次	2025 年 5 月第 8 次印刷
购书热线	010-58581118	定　　价	16.50 元

本书如有缺页、倒页、脱页等质量问题，请到所购图书销售部门联系调换
版权所有　侵权必究
物　料　号　45965-00

丛书总序

自20世纪下半叶以来,世界范围内的科学教育改革浪潮不断涌现,各国都在研制和修订科学教育文件,引领本国的基础教育课程改革,以提高国民的科学素养,为科技进步和社会发展培养人才。但国内外的改革实践表明,计划的课程和实施的课程之间存在很大差异,虽然有众多因素影响课程实施,但其中最重要的决定性因素是教师。因此,许多国家向教师教育投入大量经费,各类师范院校也在改革教师教育的体制、内容和方式,以提高教师的专业水平和教育教学能力。

虽然教师的专业发展是一个长期的过程,但高等师范教育阶段是教师专业成长过程中的关键时期,物理教育专业课程的学习和实践奠定了物理教师终身发展的基础。首都师范大学为了解决目前普遍存在的师范教育和中学物理教学实践需求脱节的问题,针对物理师范生的需求设计了系列课程,聘请了北京市中学物理教学界名师,编写了《中学物理教材分析》《中学物理教学设计》《中学物理课堂教学》《中学物理实验研究》等系列教材。教材中凝聚了物理名师们的丰富经验和学术精华,具有鲜明的实践特色。这些内容正是教育家舒尔曼在1986年所提出的"学科教学知识"的结晶,是从事中学物理教学实践最重要的知识,也是师范生最欠缺的。

本系列教材目标明确,指向解决中学物理教学的实践问题,为师范生职前教育和入职教学之间建立了桥梁。系列教材涵盖了教材分析、教学设计、教学技能及实验研究等主题,抓住了中学物理教学实践的核心内容和师范生的薄弱环节,突出了物理教学的特色,体现了物理教师必备的核心素养,为中学物理教师专业发展奠定了基础,指明了未来的努力方向。

本系列教材内容丰富,除了荟萃诸多名师的自身实践和研究成果之外,还介绍了众多中学物理教学的优秀案例,有针对性地分析了一些在校师范生的典型习作,融生动性、实用性、深刻性和启发性于一体,符合师范生的认知特点和学习能力。不仅能帮助师范生、新教师跨越教育理论与教学实践之间的鸿沟,而且有助于在职教师的专业成长。

名师们长期工作在教学一线,积累了丰富的教学经验和研究成果,在此基础上亲自为师范生授课,编写讲义,历经五六年的教学实践,逐步完善为本系列教材,实属中学物理教师教育资源中的珍品。我长期从事物理教育研究和师范生的培养工作,深切体会到物理名师的言传身教对于师范生发展的重要价值。我国有大批的师范生,并非都有机会进入北京市物理名师的课堂。我相信本系列教材的出版对于培养优秀的中学物理教师,对于促进我国物理教育学科的发展均大有助益。

郭玉英

2015年11月于北京师范大学

前言

我仔细回顾了我的教学生涯，突然发现，自己已是在教育战线奋斗了 16 年的"老兵"了！16 年，真是不短的时间。在这 16 年里，我教过区重点学校的学生，也曾经去过远郊区县支教一年，大部分时间是在北京四中这所全国知名的学校进行物理教学实践。不同层次的学生，他们的学习习惯、思维特点、能力都不太相同，但有一点是相同的——就是对知识的渴望、对世界的好奇！这也成为我工作中从不敢懈怠的原因。

这本书是写给即将毕业的师范生和刚入职的青年教师，回想我刚入职时的情景，有两件事令我印象深刻。

记得在 35 中实习时，我第一次上讲台，讲的是"电势差与电场强度的关系"。整节课中人都是"飘"着的，头晕乎乎的，眼睛里只能看到第一排学生，直把他盯得发毛！自我感觉糟糕极了。但下来后，师父张效敏老师跟我说："你这课讲得不错，尤其是把'沿电场线方向电势降低最快'中的'快'字讲明白了，非常好，悟性不错！"这是莫大的鼓舞！此后，张老师在区里经常夸我，就因为这个"快"字！

另一件事就是我去某中学应聘，试讲的内容是"平抛运动"，现在看来是一节比较好上的课。但当时，我把唯一的演示实验做砸了！我觉得完了。但试讲结束后，学校负责人让我等了一会儿，十分钟后他们把我带到人事干部面前，通知我被录用了！我后来问他们，是什么让他们当时就决定录用我呢？他们说："你整节课设计得很好：先说明什么是平抛运动，然后从运动学角度分析平抛运动的规律，再从动力学角度分析运动的特点，思路特别清晰，尤其是对课本中的闪光照片进行了分析说明。从这两点来看，你不像一个刚毕业的大学生，是个好苗子。"听到这，我明白了，这次成功应聘试讲应该归功于当时首师大物理系教学法的老师，是他拿着教材、带着我们一点一点分析这节课！

这两节课，都不算最成功的课，但是对于一个新教师而言，能讲透讲清重点难点——如"沿电场线方向电势降低最快"中的"快"、能思路清晰地解析、能很好挖掘教材素材，这是会让人眼前一亮的，这也是走向成熟教师必须要过的一关。

我很庆幸能在北京市西城区工作。这是一个教育强区，尤其是每周一次全区教师参加教研活动，主要进行的就是教材分析，大到一本教材的分析，小到一节、一个知识点的研究，无不浸透着全区优秀教师的智慧。正是在这样的指导下，西城区的教育质量一直都有保障，青年教师普遍成长很快，正如牛顿说过的那样，我们是站在巨人的肩膀上。

正值首都师范大学物理系进行师范生培养模式的探索，要撰写一本关于教材分析的书，我想，把我从实习开始到现在积累的一些经验分享出去，再借鉴全区教师的智慧，一定能对即将走入中学的师范生或青年教师有所帮助。

本书第一部分，对教材分析进行概述，包括教材分析的意义、依据和一般方法，如何将课程标准与教材相结合，如何进行教材体系和逻辑结构的分析，教材重点难点的分析方法，以及教学方法的分析等。第二部分，就是结合高中的主要内容进行分析，旨在通过实例让读者能掌握教材分析的方法,同时也有一定的借鉴价值。

在本书成书过程中,得到了北京四中物理教研组全体老师的支持,西城区研修学院物理室和首都师范大学物理系郑鹉教授、隗功民教授的大力支持,在此对他们表示深深的谢意。

作者

2016 年 6 月

目录

第一章 中学物理教材分析 …………… 1
第一节 中学物理教材分析概述 …… 1
一、教材分析对教学的意义 …… 1
二、教材分析的依据 …………… 2
三、目前通行的两个层面的教材分析及教材分析的现状 …………… 3
四、物理教材分析的一般方法 …… 3
第二节 课程标准在教材分析中的作用简述 …………… 4
一、读懂课标精神，分析教材的编写意图 …………… 5
二、研究课程目标，确定教学目标 …… 6
三、联系课程标准，从整体把握教材 …… 7
四、学习课程建议，指导教材设计 …… 8
第三节 教材体系和逻辑结构的分析 …… 9
一、教材体系的分析 …………… 9
二、教材结构的分析 …………… 11
第四节 教材重点知识的分析 …… 13
一、重点知识的确定 …………… 13
二、突出重点的基本方法 …… 14
第五节 教材难点知识的分析 …… 15
一、难点知识的形成 …………… 15
二、突破难点的主要方法 …… 17
第六节 教材分析中的科学方法分析 …… 18
一、物理教材中主要的科学方法 …… 18
二、科学方法分析的具体运用 …… 19
三、结合物理学史渗透科学方法研究 …………… 22
四、教材逻辑程序分析法 …… 22
第七节 教学目的和教学要求的确定 …… 23
一、知识要求的确定 …………… 23
二、能力要求的确定 …………… 23
三、思想教育要求的确定 …… 24

第二章 高中物理教材分析与处理（概述） …………… 25
第一节 高中物理教材的要求和特点 …… 25
一、教材结构：继承传统、科学分类、体现选择 …………… 25
二、教材作用：促进自主学习，重视科学探究 …………… 27
三、教材目标：落实课程目标 …… 28
第二节 高中物理教材的内容和安排 …… 29
一、教材的内容和安排 …………… 29
二、各部分教材体系、重难点分析 …… 31

第三章 力学部分教材分析 …………… 33
第一节 "绪论"的教学 …………… 33
一、绪论的地位和作用 …………… 33
二、教学建议 …………… 33
第二节 "直线运动"教材分析 …… 36
一、本章教材概述 …………… 36
二、教学建议 …………… 37
第三节 "相互作用""牛顿运动定律"章节教材分析 …………… 42
一、本章教材概述 …………… 42
二、教学建议 …………… 44
第四节 "曲线运动"章节教材分析 …… 60
一、本章教材概述 …………… 60
二、教学建议 …………… 61
第五节 "万有引力与航天"章节教材分析 …………… 69
一、本章教材概述 …………… 69
二、教学建议 …………… 70
第六节 "机械能"章节教材分析 …… 74
一、本章教材概述 …………… 74
二、教学建议 …………… 75

第四章　电学部分教材分析 …………… 83
第一节　整体分析 ……………… 83
一、教材分析 ………………… 83
二、例说模块特点 …………… 84
第二节　"静电场"章节教材分析 …… 85
一、本章教材概述 …………… 85
二、教学建议 ………………… 88
三、"库仑定律"节教材分析 …… 93
第三节　"恒定电流"章节教材分析 …… 95
一、本章教材概述 …………… 95
二、教学建议 ………………… 97

第四节　"磁场"章节教材分析 ……… 105
一、本章教材概述 …………… 105
二、教学建议 ………………… 107
第五节　"电磁感应"章节教材分析 …… 114
一、本章教材概述 …………… 114
二、教学建议 ………………… 115

结束语 ……………………………………… 126

主要参考文献 ……………………………… 127

第一章

中学物理教材分析

中学教材分析,是师范类专业的一门凸显学科特点的课程,也是一线教学中,学校、教研室、研修学院主要的培训和学习内容。中学物理教材分析能力,既是作为物理教师的"入门"技能,也是一名优秀物理教师最重要的"看家"本领。

第一节 中学物理教材分析概述

一、教材分析对教学的意义

教师要完成教学任务,要做大量的准备工作,而课前备课是提高教学质量的关键环节。只有备好课,才能保证教学质量,而教材分析则是备好课的前提,是教师进行教学设计、编写教案、制订教学计划(包括课程设计)的基础,是上好课(课程组织与实施)、达到预期的教学目的前提和关键。

有的人认为,课本对教学内容都作了详尽的阐述,教师按课本讲就是了,对教材还有什么可分析的呢?这里的误区在于:书本上的知识是一种处于贮存状态的知识,课堂教学过程就是要把这种处于贮存状态的知识首先转化为传输状态的知识,然后通过学生的学习,再把传输状态的知识转化为学生头脑中的知识。而这两种知识形式的转化过程与方法,由于受多种因素的制约,课本上是很难把它们全都写出来的。因此,不经过对教材的分析与研究,就难以把握和完成知识形式的这两次转化[1]。

还有的教师也进行了教材分析,但主要是对教科书的知识点及其重点和难点的分析。

这种认识的误区在于:① 把教材等同于教科书,没有把课程标准和教学参考资料作为教学材料,不能说明教材的来源和合理性;② 局限于教材的教学内容分析,没有分析教材中的教学目标、教学内容的呈现方式等其他教材要素,不能完整地理解教材。

什么是教材分析?

教材分析,主要是综合运用物理专业知识和教学理论,结合学生的认知特点和知识结构,分析和处理现行中学物理教材。通过对给定教材内容的解读和对学生状况的分析,理解课程设计的思路和基本要求,明确教材内容和教材的结构,即找出构成教材的要素及其相互间的层级关系(形成关系),为进一步讲解教材、设计教学实施过程做好准备[2]。

具体讲,教材分析要将教材中所讲的知识,放在知识整体中去认识,进行全方位、多角度的分析研究,以真正掌握它的内容,认识它在整个教材结构中的地位,认识它与其他知识之间的联系。

---

[1] 张同恂.初中物理教材分析和研究.北京:人民教育出版社,1998:1.
[2] 阎金铎,王志军,俞国祥.中学物理教材教法.北京:北京师范大学出版社,1998:1.

这一点对提高教学质量、提升教师教学境界是十分重要的。

另外，教学过程不仅仅是知识的传授过程，而且是能力的培养过程。培养学生能力是现代教学的着眼点，而知识的能力价值往往是隐性的，需要通过深入的教材分析才有可能挖掘出来。

教材分析的过程，也是中学教师进行教育教学研究的一种有效方法，这个过程能体现教师的业务水平、教学能力，往往是教师创造性工作的体现，所以对于教师业务素质提高、教育理念的更新以及教师的成长都具有十分重要的意义。

二、教材分析的依据

老一辈物理教材编写者张同恂先生提出了分别以物理学知识体系、学生一般心理特点、教学大纲依据来分析教材的观点。在张先生主编的《初中物理教材分析和研究》中写入了长期、大量的教材使用和一线教学的经验，有较强的指导性和实用性。张老的观点得到了大多数物理教育工作者的认同。

1. 物理学的知识体系

所谓物理学的知识体系即学科体系，就是物理学按其自身发展所形成的知识内容和逻辑程序。从整个物理学的知识体系来看，可以分为两大部分：一部分是经典物理，它由力学、热学、电磁学、光学和原子物理学等部分所组成的知识系统；另一部分是近代物理，它是以相对论和量子力学为基础的知识系统。认识了这个知识体系，在分析教材时，才能看清教材的知识结构和体系，才能把各部分教材内容放在物理学知识体系中来理解。教材中所讲的知识，要放在知识整体中去认识，进行全方位、多角度的分析研究，以真正掌握它的内容，认识它在整个教材结构中的地位，认识与其他知识之间的联系，认识它们各自的地位和作用，才能从发展的观点掌握好知识，避免教学中的绝对化和片面性。

2. 新课程标准与教材

现在正在实施新课程标准代替了以前的教学大纲。

新课程标准是学科教学最权威的指导性文件，是指导教学和编写教材的依据，也是评价教学和考试命题的依据。教师必须认真学习和钻研课程标准，按照课程标准的规定和精神进行教学，才能做好教学工作。

课程标准规定的教学内容以及所要求达到的程度，教师应当准确理解。特别是在新课改实行的一个课程标准多种版本教材的情况下，准确理解和掌握课程标准更为重要。这样才能对不同教材进行分析比较，以便在使用中适当地删选取舍，达到物理教学目的的要求。关于如何阅读课程标准，后文将进行阐述。

中国即将进入新一轮教学改革，在新一轮教学改革中，核心素养代替了新课程标准，对于核心素养的学习和研究，也将是中学教师进行教材分析必须参照的依据。

3. 学生学习物理的状况：接受水平、心理特点和思维规律

教学的一切活动都要着眼于学生的发展，并落实在学生学习的效果上。因此，在教学中要充分地认识和把握学生学习物理的心理规律。只有充分把握住学生在认知活动中的智力和非智力因素的影响，才能使教学活动落实到学生身上。因而分析学生学习物理的接受水平、心理特点和思维规律是分析教材的另一个重要依据。同时，又要不失时机、适时地向抽象思维过渡，重视进行因果逻辑思维的训练。物理学以概念、规律为基础而形成完整的体系,物理学的思考要严格地以概念和逻辑关系做依据来进行分析、判断、推理。此外,心理倾向和思维惯性的干扰也是造成学生物理学习思维障碍的重要原因。不重视这些因素的分析,就难于保证取得良好的教学效果。同时分析学生学习物理的心理因素和思维规律,也是分析教材特别是酝酿和设计教学过程的重要依据。

三、目前通行的两个层面的教材分析及教材分析的现状

目前通行的两个层面的教材分析:

1. 市区层面的教材分析。北京市有市教研中心,每个区都有教育分院或教师进修学校,工作之一就是对全市或全区的教学有指导和把控。这些机构会定期给全区教师做教材分析;每学期开学前,会讲新学期的教学要求、教学内容等;会对每一章进行教材分析。该工作主要是由参加教材编写的专家教师、参加教材审定的专家、市区教研员及资深的教师承担。分析的内容包括:相关教材的教学目的、教学要求、重点难点、每章的课时安排、教法建议等内容。这个层面的教材分析,具有一定的教学法规的作用。

2. 教师个人(或教研组、备课组)层面的教材分析。这是教师个人或教研组、备课组结合个人的理解,根据自己学校的特点,学生的层次进行的教材分析,一般比较具体,具体到某一节、某个知识的内容。

四、物理教材分析的一般方法

怎样进行教材分析,是教材教法研究中一个老课题。分析教材一般可按全书,各部分教材、章节等层次进行,通常采取从整体到局部逐步深入的方法。分析中要注意整体和局部之间的联系,具体地把教学大纲(课程标准)要求落实到教学。

老一辈的教材编著者和专家学者提出了切实可行的分析教材的方法,现呈现如下。

(一)张同恂先生在1988年提出的教材分析的七点方法

1. 能按照教学大纲(课程标准),分析教材的编写意图和教材的特点;
2. 会分析教材的知识结构、体系及深度和广度;
3. 能以整体为背景,分析各部分教材的特点;
4. 掌握方法论分析法;
5. 会分析教材的重点,掌握处理重点的方法;
6. 会分析教材的难点,掌握处理难点的方法;
7. 能在分析教材的基础上,酝酿和设计教学过程,确定教学方法。

张老提出的七点分析法具有实操性,尤其是"重难点"的分析,提出了较为可行的突出重点、突破难点的方法,对一线教学有很强的示范与指导意义。

(二)乔际平、张宪魁先生在1993年区分并提出了教材分析的一般方法[①]

1. 知识分析法;

[①] 乔际平,张宪魁.初中物理教材的选择与分析.北京:高等教育出版社,1993.

2. 心理分析法；

3. 方法论分析法；

4. 结构分析法。

（三）现阶段,物理教材分析的主要方法

现阶段,我们师范生大多没有上课经验,正处于学习教材分析阶段,但同时又高中毕业不久,学习过程中我们对亲身的学习体验还记忆犹新。所以现阶段的教材分析确定以教材知识分析为主要内容,即乔际平和张宪魁先生提出的"知识分析法",主要包括以下几个方面。

1. 一章或一单元教材分析

（1）能结合课程标准,分析教材的编写意图；

（2）根据课本内容,研究章或单元内容在整体中占什么地位,教学上具有什么特点,对单元划分；

（3）能以流程图或框架结构,展示知识结构和逻辑关系；

（4）会分析本章节单元的重难点,掌握处理重难点的方法；

（5）能对知识点进行拓展分析,包括物理学史相关内容的补充。

2. 一节或一个知识的教材分析

（1）能结合课程标准,分析本节教材或本知识点的编写意图；

（2）根据课本内容,研究该节内容或知识点在整章中的地位,教学上具有什么特点；

（3）能以流程图或框架结构,展示本节知识结构和逻辑关系；

（4）会分析本节的重难点,掌握处理重难点的方法；

（5）能对知识点进行拓展分析,包括物理学史相关内容的补充。

第二节 课程标准在教材分析中的作用简述

进入 21 世纪以来,我国开始了新一轮基础教育课程改革,重新确立了基础教育的课程目标,建立了新的课程体系,制定了新的中学物理课程标准,颁布了《普通高中物理课程标准（实验）》,新课程标准替代了原有的教学大纲。新课程标准是根据教学计划所制定的对学科教学的指导文件,是根据教育目标,考虑到学科结构、学生情况而制定的；既是指导教学和编写教材的依据,也是评价教学和考试命题的依据。

课程标准分为四个大部分：第一部分介绍课程性质、基本理念和设计思路；第二部分课程目标；第三部分内容标准,包括具体要求和模块划分；第四部分实施建议,包括教学建议、评价建议、教科书编写建议、课程资源利用与开发建议。相关具体内容在本书中就不赘述。课程标准设计框图如图 1-1 所示[1]。

---

[1] 中华人民共和国教育部.普通高中物理课程标准（实验）.北京：人民教育出版社,2003:3.

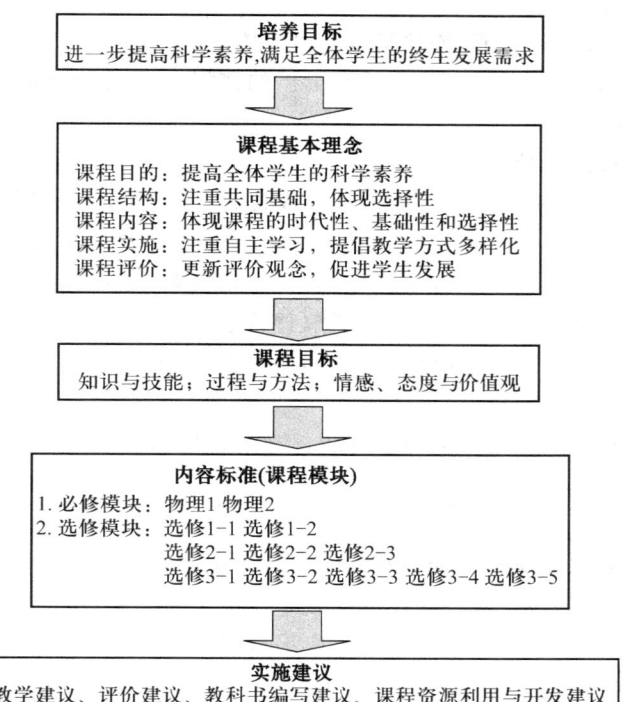

图 1-1

一、读懂课标精神，分析教材的编写意图

如何按照教学大纲(课程标准)，分析教材的编写意图？

例如：必修 1 第二章第 3 节"思考与讨论".

老师：能不能根据表中的数据，用最简便的方法估算实验中小车从位置 0 到位置 5 的位移。

学生 A：能。可以用下面的办法估算：

$x = 0.38×0.1+0.63×0.1+0.88×0.1+1.11×0.1+1.38×0.1 = \cdots\cdots$

学生 B：这个办法不好。从表中看出，小车的速度在不断增加，0.38 只是 0 时刻的瞬时速度，以后的速度比这个数值大。用这个数值乘以 0.1 s，得到的位移比实际位移要小。后面的几项也有同样的问题。

学生 A：老师要求的是"估算"，这样做是可以的。

老师：你们两个人说得都有道理。这样做的确会带来一定误差，但在时间间隔比较小、精确程度要求比较低的时候，可以这样估算。要提高估算的精确程度，可以有多种方法……

教材为什么这样写呢？新课标中规定高中阶段教育的任务之一是：培养学生终生学习的愿望和能力。提高学生的学习能力是包括物理在内的所有高中课程的任务。怎样提高学生的学习能力？在讲、听、练的过程中我们提倡"独立思考，同伴交流，师生互动"。这就是为什么教材中有大量类似的例子的原因。

再比如：必修 1 第二章第 6 节，伽利略对自由落体运动的研究．

教科书指出了伽利略研究的线索：绵延两千年的错误→逻辑的力量→猜想与假设→可检验的结论→实验验证→……

教材这样编写的目的是什么呢？

首先，新课标提倡科学探究，要经历科学探究过程，学习科学探究方法，认识科学探究的意义。这里可以看出，科学探究不但是教学方法，同时也是学习的对象。所以通过伽利略对自由落体运动的研究过程的展示，也是希望学生从中领悟科学探究的方法。其次，新课标在运动的描述中提出内容标准：通过史实，初步了解近代实验科学产生的背景，认识实验对物理学发展的推动作用；并举例说明，了解伽利略的实验研究工作，认识伽利略有关实验的科学思想和方法。

可以看出，这一节的编写，是充分体现课程标准的目标和要求的。

二、研究课程目标，确定教学目标

课程标准中规定的总的课程目标与具体的课程目标指导着教材分析的全过程。在各章节的教材分析中，总的教学目标转化成比较具体的教学目标。每一章、每一节甚至每个知识点教材要达到什么样的目标，是教材分析必须考虑而且应该首先考虑的问题。离开总的目的要求，每节课的教学就失去依据。

还是举必修 1 第二章第 6 节，伽利略对自由落体运动的研究为例，某教学设计中的教学目标制定如下：

1. 知识与技能：能初步应用落体运动规律分析问题；了解伽利略科学研究方法。
2. 过程与方法：通过回顾伽利略关于落体的研究过程，领略伽利略高超的实验技巧，体会伽利略的科学研究方法；通过阅读材料、动手操作，体验亲自探究的过程。
3. 情感态度价值观：通过对亚里士多德、伽利略的了解，让学生感受科学家的魅力；通过对伽利略自由落体运动研究过程的了解，唤起学生对于科学探究的兴趣。

上述目标的确定是充分考虑了课程标准目标后确定的，课程具体目标要求："能认识实验在物理学中的地位和作用""了解物理学的研究方法""具有敢于坚持真理、勇于创新和实事求是的科学态度和科学精神，具有判断大众传媒有关信息是否科学的意识""了解并体会物理学对经济、社会发展的贡献，关注并思考与物理学相关的热点问题，有可持续发展的意识，能在力所能及的范围内，为社会的可持续发展做出贡献"。在内容标准中，"通过史实，初步了解近代实验科学产生的背景，认识实验对物理学发展的推动作用"，并举例示范：

例 1　了解亚里士多德关于力与运动的主要观点和研究方法。

例 2　了解伽利略的实验研究工作，认识伽利略有关实验的科学思想和方法。

本节内容显然是能体现课标目标要求和内容标准的，上述教学目标的确定也是符合课标的。除此外，上述目标表述中用到的行为动词，也是有严格规定的，见下表[1]。

---

[1] 中华人民共和国教育部.普通高中物理课程标准(实验).北京：人民教育出版社，2003：3.

《标准》中部分行为动词界定

类型		水平	各水平的含义	所用的行为动词
知识技能目标动词	知识	了解	再认或回忆知识;识别、辨认事实或证据;举出例子;描述对象的基本特征	了解、知道、描述、说出、举例说明、列举、表述、识别、比较、简述、对比
		认识	位于"了解"与"理解"之间	认识
		理解	把握内在逻辑联系;与已有知识建立联系;进行解释、推断、区分、扩展;提供证据;收集、整理信息等	阐述、解释、估计、理解、计算、说明、判断、分析、区分
		应用	在新的情境中使用抽象的概念、原则;进行总结、推广;建立不同情境下的合理联系等	评估、使用、验证、运用、掌握
	技能	独立操作	独立完成操作;进行调整或改进;尝试与已有技能建立联系等	测量、测定、操作、会、能、制作、设计
体验性要求的目标动词		经历	从事相关活动,建立感性认识等	观察、收集、调查、交流、讨论、阅读、尝试、实验、学习、探究、预测、考虑、经历、体验、参加、参观、查阅
		反应	在经历基础上表达感受、态度和价值判断;做出相应反应等	体会、关注、注意、关心、乐于、敢于、勇于、发展、保持
		领悟	具有稳定态度、一致行为和个性化的价值观念等	形成、养成、具有、领略、体会、思考

注:《标准》中有的行为动词前加有"初步""大致""简单"等词,其对应的水平比原行为动词的水平低。

三、联系课程标准,从整体把握教材

通过阅读和理解课程标准,可以有助于我们从整体上把握教材,更好地发挥教材的优点,克服教材的缺点和不足,有助于我们以整体为背景来分析和处理各部分教材。分析教材和进行教学不能就事论事,只看到教学中的具体问题,囿于个人经验,抓不住大问题,这就不能从根本上改进教学,提高教学质量。

比如:数据处理的方法——教科书中数据处理方法的教学是以图像为中心展开的。这也是一个规范化的科学方法。

在必修1第一章第4节,从高中物理的第一个学生实验开始,就要求用图像表示手拉纸带的速度与时间的关系,并提出用平滑曲线来"拟合"坐标系中所描的点的思想。拟合时对曲线的要求是

"顺势""平滑",如果不能使所有的点都恰好落在曲线上,那么曲线两侧的点的个数要大致相同。

在进行这部分教学时,有老师觉得教材在这里进行数据处理分析,太早,也占课时,于是将这部分跳过去,直到在实验中再进行相关知识的讲解。而实际上,教材这样处理是有用意的:任何教学活动都要使学生学会所教的内容,对于高中课程来说,就是要学会物理学的内容,否则无论知识与技能还是过程与方法、情感态度价值观的教育都无从谈起。要学懂物理学,极其重要的一点即"循序渐进"。

在以后的学习中,学生将反复运用图像来处理数据:

第二章第 1 节探究小车速度随时间变化的规律

第二章第 3 节研究自由落体运动的小实验("做一做"栏目)

第三章第 2 节课后习题第 4 题(关于弹力)

第四章第 2 节探究加速度与力和质量的关系的实验

第五章第 5 节探究弹性势能的表达式

第五章第 6 节探究功与速度变化的关系

在通过实验探究加速度与质量的关系时,先是通过作出加速度随质量变化的图像,由图中曲线的形状判断两者的关系。但是根据实验得到的曲线的形状是难以断定它的性质,因此教科书指出了一个方法:不作 a-m 图像(图 1-2),而作 $a \propto \dfrac{1}{m}$ 图像(图 1-3),通过这个图像是否是直线来判断 a 是否与 m 成反比。如果这个图像不是直线,再尝试 $a \propto \dfrac{1}{m^2}$ 或其他关系。

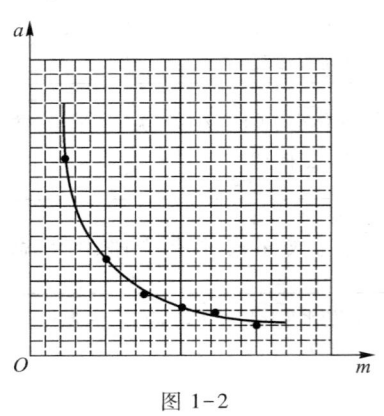

图 1-2

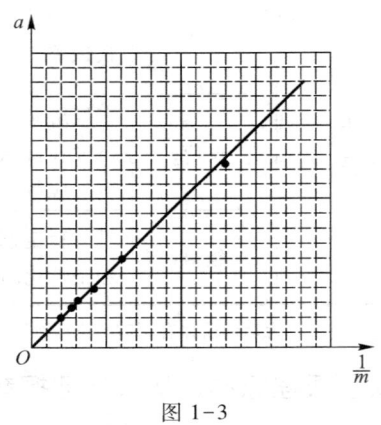

图 1-3

这个方法在第五章第 6 节探究功与物体速度变化的关系时再次出现。在以后的选修课中也将多次运用。

四、学习课程建议,指导教材设计

课程标准中提出的教学建议,既是我国多年来教学经验的总结,反映了教学中的规律性的认识,也是针对当前教学提出的,对开展教学改革有实际指导意义。

例如,科学探究的课题有的是与教学内容、教学进度相吻合的。在课堂教学中,有些探究的物理问题是由教师和教科书直接提出,虽然其中不乏关于问题背景的介绍,但很少有让学生主动发现和构思问题的机会。在高中阶段,教师有必要对一些探究的物理问题创设一些情境,让学生在观察和体验后有所发现、有所联想,萌发出科学问题;或者创设一些任务,让学生在完成任务中运用科学思维,自己提炼出应探究的科学问题[1]。

这里提到的"很少有让学生主动发现和构思问题的机会",确实是现实教学中存在的问题。所以在教材分析时,关注教材分析的同时,努力创设一些情境,激发学生去观察思考。如在讲完全失重内容时,教师给学生布置作业:拍摄水滴在空中下落的情景,描述水滴状态,并试着解释这个现象;在讲摩擦力时,布置学生写小文章"假如没有摩擦"……

综上所述,教材是根据课程标准编写的,从课程标准出发,阅读教材,分析教材,是教材分析的重要内容之一。

第三节　教材体系和逻辑结构的分析

物理教材体系和逻辑结构与物理学科体系和逻辑结构有所不同,它不仅受后者制约,同时要依据学生的认知特点,客观条件的限制,按照循序渐进的教学原则来安排。教材分析,我们强调从整体上把握教材,这就必须清楚地认识教材的体系或知识结构,明确各部分知识的逻辑关系,明确教材是按照怎样循序渐进的原则来编排的,教材内容是怎样一步一步来展开的。把握住教材的知识结构,才可能更好地分析各部分教材,才可能对教学提出更高的要求,即根据教学实际和自己的经验,重新组织教材体系,进行教学改革,提高教学质量。

一、教材体系的分析

所谓教材体系是指教材的"章节安排次序所体现出来的知识体系的主干或整体"。[2] 具体分析的方法步骤是:

首先,阅读各章节标题,概括地了解所讲述的基本内容;

然后,按一定标准,例如按所述知识的内容范畴聚类,从而找出知识聚类的特点;

最后,分析知识聚类后的安排顺序,从而确定该教材体系的特点。[3]

按此方法,我们以 2010 年人民教育出版社出版的普通高中物理教科书课本必修 1、2 和选修 3 系列为例,分析其教材体系。

课本	章节	章节标题
必修 1	第一章	运动的描述
	第二章	匀变速直线运动的研究
	第三章	相互作用
	第四章	牛顿运动定律

---

[1] 中华人民共和国教育部.普通高中物理课程标准(实验).北京:人民教育出版社,2003:49.
[2] 阎金铎,田世昆.初中物理教学理论.北京:高等教育出版社,1989:39.
[3] 乔际平,张宪魁.初中物理教材的选择与分析.北京:高等教育出版社,1993:53.

续表

课本	章节	章节标题
必修2	第五章	曲线运动
	第六章	万有引力与航天
	第七章	机械能守恒定律
选修3-1	第一章	静电场
	第二章	恒定电流
	第三章	磁场
选修3-2	第四章	电磁感应
	第五章	交变电流
	第六章	传感器
选修3-3	第七章	分子动理论
	第八章	气体
	第九章	固体、液体和物态变化
	第十章	热力学定律
选修3-4	第十一章	机械振动
	第十二章	机械波
	第十三章	光
	第十四章	电磁波
	第十五章	相论论简介
选修3-5	第十六章	动量守恒定律
	第十七章	波粒二象性
	第十八章	原子结构
	第十九章	原子核

可以看出,该教材体系总体来看是属于知识逻辑展开式,即按力学(必修1、2)—电学(3-1、3-2)—热学(3-3)—光学(3-4)—原子物理(3-5)的次序,由物质运动形式的低级向高级排列的。当然教材在编排上考虑了"课程内容的可选择性",如将电学部分编写成3-1、3-2两本教材,热学部分单独编成3-3。

但从具体内容看,教材体系打破了传统的学科体系。例如,将"动量守恒定律"从以力学为主的必修1、必修2中挑选出来,放在选修3-5,这一方面是考虑到这部分知识的难度,另一方面也是考虑到,动量守恒定律是自然界的基本守恒定律之一,是研究微观粒子所必需的知识。选修

3-4 的内容含机械振动、机械波、电磁波的知识,这显然是考虑到它们都属于"波",在知识上和研究方法上,可以类比。

新一轮的课程改革即将开始,届时新课标颁布,教材体系也会有所变化,将两者对比,找到教材体系的变化,透过变化,我们能够体会新课程的理念。

二、教材结构的分析

学生同时学习的课程有好几门,物理课每周只有 3~5 节,隔一两天才学习一次,学完以后要求学生能系统地理解,很不容易。教师自己首先不要忘记知识的系统,概念之间的联系,要在这上面下工夫。这就是教材结构的分析。

我们把"全书或各章节重点知识(概念、原理……)和方法之间的主要内在联系方式称为教材结构"。[①] 中学物理中主要是指教材的知识逻辑结构。

(1) 精读教材,罗列相关知识点,如概念、规律、实验等。

(2) 将所有的知识点按先后顺序依次排列,每个知识点可以用一个方框表示,地位相近或重要程度相近的知识点可并列表示,作用相近(或重要程度相近)的知识点可并列安排。

(3) 在有内在逻辑联系的知识点之间画箭头,方向从前概念(背景知识)指向后续概念(扩展知识)。

(4) 整理成体现内在联系的知识结构图[②]。

从知识结构图可以很自然地显示出主要知识点在教材中的地位和作用,以及各知识点之间的逻辑关系。

举例一:高中力学结构可以以图 1-4 来表示。

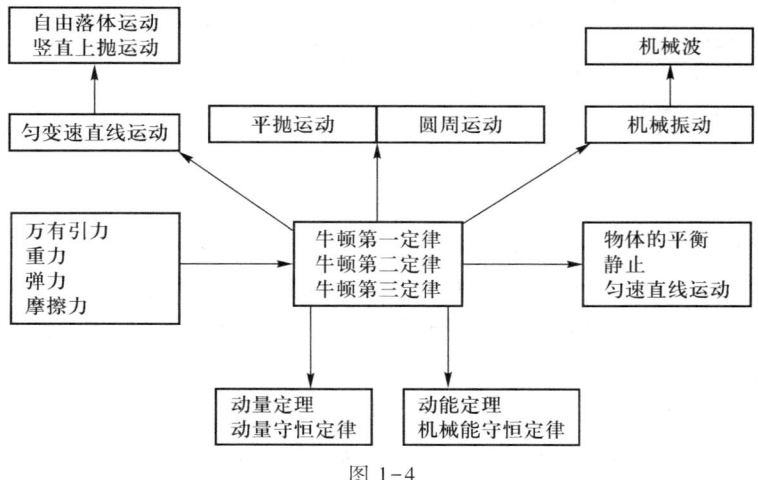

图 1-4

从这个结构图可以清晰地看出,经典力学包括两组定律,其一为牛顿三大定律,其二为力的结构性定律。牛顿三定律是核心内容,具有普适性,由此演绎出动量、能量定理(角动量定理在高

[①] 阎金铎,田世昆.初中物理教学理论.北京:高等教育出版社,1989:39.
[②] 乔际平,张宪魁.初中物理教材的选择与分析.北京:高等教育出版社,1993:55.

中阶段不涉及,所以表中未列出)。力的结构性定律涉及物体(或物质间具体的相互作用规律),其中包括万有引力定律、胡克弹性力定律、摩擦力定律等。两组定律结合展开成经典力学体系,可以统一解释宏观世界和部分宇观世界中出现的种种力学现象①。

举例二:选修3-1第一章静电场的知识结构简图如图1-5所示。

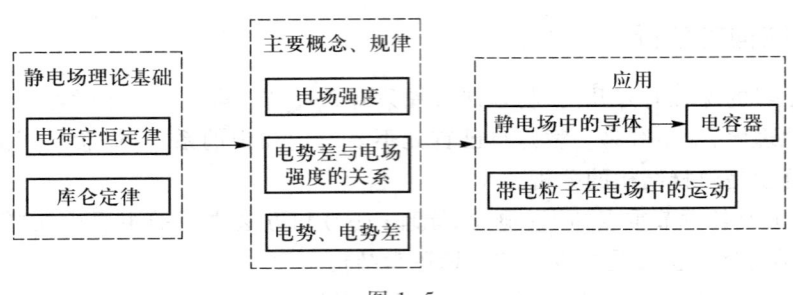

图1-5

从知识结构图中,可以很自然地显示出各主要知识点在教材中的地位与作用,可以明显地看出哪些是背景知识(如电荷守恒定律、库仑定律),核心知识(如电场强度、电势电势差概念),应用知识(如电容器、带电粒子在电场中的运动)。同时,在这样的知识结构下,要求在教学中,重在讲清概念规律,这样才能达到正确、自如应用。

举例三:万有引力定律的发现,必修2第七章第2节、第3节(图1-6)。

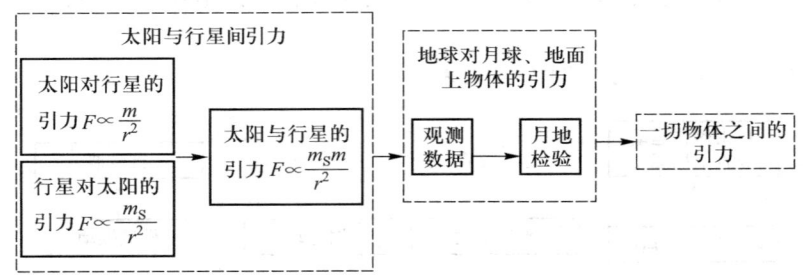

图1-6

万有引力定律的内容,体现了物理学规律的简洁、普适、深刻之美,但是发现万有引力定律的过程却更能体现物理学的魅力。在教学中,让学生感受到物理学科逻辑之美,能激发学生更强烈更深刻的学习物理的兴趣,这是更高层次的启发!同时在上述箭头里,还蕴藏着方法论,每一个箭头背后,可能是严密的数学推理,可能是实验事实的证明,也可能是大胆的推广、假想。这就是学科的魅力所在。

忽视对教材整体的把握,不把知识放到章、册或整个知识体系背景下去分析,而只限于一章一节的范围,孤立地进行分析,就不可能很好地认识到教材的重要和价值,不能看到知识的背景和发展变化,难于看到各部分知识的联系。所以在分析教材时要特别强调从整体和局部两方面入手,使其互为背景,真正掌握知识的来龙去脉,明确各部分教材的特点、地位、作用。

---

① 舒幼生.力学(物理类).北京:北京大学出版社,2005:前言.

第四节 教材重点知识的分析

中学物理知识大体分为三类,一类是重点知识,一类是重要知识,一类是一般知识。重点知识应该达到牢固掌握、熟练运用的程度。重要知识有的也要达到掌握的程度。它和重点知识相比存在着程度上和定量要求上的差别;有的只要求领会或理解。重要知识和重点知识在教学处理中要统筹安排互相配合。一般知识具有开阔学生的视野、扩大知识面,或者为重点知识提供背景的作用。它要求学生了解或知道,一般没有定量要求,也不强调知识的系统与完整。

在教材分析中,需要对教材中的知识进行分类甄别。

一、重点知识的确定

一般来说,教材的重点是由知识本身和教学情况双方面来确定的。就知识本身来说,重点知识应该是那些主干的、基本的、有生命力的、应用广泛的知识。就教学情况来说,则需考虑整个初高中物理的教学目的、学生的实际基础和教学时间是否允许等诸多条件[1]。

具体来说,可以根据以下几个原则确定教材中的重点知识。

第一,根据知识在整个物理学中所占的地位。一般来说重点知识应该是物理学中那些主干的、关系全局性的知识。比如,力、能量、场、波等概念在整个物理学中占有重要的地位,因而由此所派生出来的概念、规律,如力、功和功率、电场强度、波长、牛顿运动定律、动能定理等,在具体章节中往往也处在重要的地位,属于重点知识。

第二,根据教材的本身性质和功能。比如,初高中物理教学的最基本任务是要学生系统地掌握物理学基础知识、基本观点和思想,因此教材的重点往往都是基本物理概念、规律和研究方法(包括基本实验原理与方法)。从这个角度来说,不同的学习阶段,显然知识的重点是不同的。符合第一条的重点知识,在第二条的原则下,则不一定是重点知识。比如在高中阶段的匀变速直线运动的知识,在大学阶段,则不属于重点知识,只能属于重要知识。

第三,根据教材的能力因素的分析。中学学段物理的教学目的要求,不但要教给学生知识,而且要培养学生能力。因此教材能力因素的分析也应成为确定重点教材的一个依据。但由于长期传统教学的影响,中高考压力下,教师对这一点往往认识得不够,因而在我们进行教材分析时就更应加以重视。比如,在万有引力定律的教学中,很多老师比较重视公式及公式推导出来的结果,如重视 $F=G\dfrac{m_1m_2}{r^2}$ 公式的应用,不重视万有引力定律的发现,重视 $g=\dfrac{Gm}{R^2}$ 的结论,甚至命其名为"黄金代换式",不重视其成立的条件和推导过程。而恰恰是这些结论的得来过程对学生的思维能力的培养、抽象思维能力、辩证思维能力的培养都是非常重要的。所以,有经验的老师往往在教学中把重点放在这些结论的推导过程中,他培养的学生更加严谨、能力更强。再比如,电磁感应中的"导体棒切割磁感线产生感应电动势"的,这个实验在教学中起着重要作用。电磁感应的规律要从这个实验得出,更重要的是通过对这个实验的观察或直接动手探究,到得出"磁生电"的规律,不仅能培养学生从现象中抓住本质得出结论的思维能力,也培养了学生科学探究的

---

[1] 张同恂.初中物理教材分析和研究.北京:人民教育出版社,1988:17.

能力。所以从能力因素分析,做好并分析这个实验就应该成为教学的重点。而不少教师只把教学重点放在电磁感应规律本身的表达上,对规律中的字句反复讲练,并不在观察分析实验上下工夫。这样,久而久之,学生头脑中的知识可能不少,但都是静止的孤立的,并不了解知识的来龙去脉,因而也就不可能灵活运用。因此在分析教材重点时,重视对知识能力价值的认识是很重要的。

二、突出重点的基本方法

在教材分析中,要找出重点知识,更要思考教学过程中如何突出重点知识。

1. 以重点知识为中心来展开教学过程。如选修 3-5 第七章机械能守恒定律,全章的核心思想就是:通过做功了解能量的变化,从而认识能量。教科书反复突出这个思想。

以重力势能表达式的引入为例。必修 2 的"重力势能"一节有两条线索。首先,分析重力做功的特点,得知物体在 h_1 和 h_2 两个高度之间移动时重力做的功是 $W_G = mgh_1 - mgh_2$,从中发现"mgh"可能具有特殊的物理意义。另一条线索是:通过对势能概念的分析,我们已经知道,物体的重量越大它的势能越大,物体的位置越高,它的势能越大。从第一条线索得到的"mgh"与第二条线索一致,所以我们想到,物体的重力势能应该用"mgh"表示。

动能表达式的得出是另外一个例子。教科书探索动能表达式的过程集中于 6、7 节,线索与重力势能相似,出发点也是做功与能量的关系。教科书首先指出,根据我们对于动能的初步理解,它的表达式除了应该与质量有关外,还应该与速度有关:速度越大,动能越大。另一方面,物体受力时力对物体做功,物体速度也会增加。这就是说,速度这个物理量联系了动能与力对物体做的功。编者因此设计了第 6 节的实验,研究力对物体做的功与物体速度的关系,以期从中获得动能表达式的一些信息。

第五章第 5 节"探究弹性势能的表达式"的出发点同样是功与能量的关系,同样是通过对做功的定量描述来寻找弹性势能的表达式。

在后面的选修教科书中,内能的引入、电势能的引入、焦耳定律、电源和电动势、闭合电路的欧姆定律、光电效应等,出发点都是做功与能量的关系。

通过这样的组织教学内容,通过做功了解能量的变化,从而认识能量的核心思想得以完全突出出来。

2. 通过突出重点知识的应用来加强对重点知识的理解。对于重点内容应该有较高的教学要求,要强调它的应用,并通过运用知识使学生达到牢固掌握、熟练运用的程度。学生只是记住所学的知识,并不等于掌握。必须把概念和规律运用在具体问题上,在解决具体问题的过程中,来加深理解和掌握概念和规律。只有在反复应用过程中,对概念和规律的理解才能具体、丰满起来。这样才能把书本上的知识转化为学生自己的知识。具体问题是多种多样的,运用知识的过程中要学会具体分析问题,以便在提高分析问题能力的同时,使所学的知识活化,最终达到熟练运用的程度。当然所谓应用,不能狭隘地理解为解计算题。解释有关的物理现象,理解物理知识在实际中的应用,解决简单的实际问题,把所学知识与有关知识联系起来以加深理解有关的知识,用所学知识进行小发明小制作等都是应用。应用的形式要多样化。单纯地理解为计算,甚至拼凑类型,并不能达到掌握知识的目的。比如,在讲完超重、失重现象后,布置作业:拍摄小水滴在空中下落的情景;研究扎孔的水瓶在各种抛体运动时的失重现象;体验电梯里的超重失重现象等。这些应用的小活动,不仅能激发学生的兴趣,而且能加强对完全失重这一现象的理解。

3. 通过教学方法的选择,突出对重点内容理解。对不同的知识采取不同的教学方法,有些非重点知识,采取平铺直叙、学生自主阅读即可;而对于重点知识,则应该采取多种方法,让学生积极参与思考,建构和理解重点知识,在这里,采用启发式教学无疑是有效的教学方法。例如,选修3-1第二章第2节电动势,为了理解电源的作用,理解非静电力的存在,我们提出系列问题来启发学生思考:电源外电路中电荷怎样移动?电流方向如何?正电荷移动时,电场力做正功?负功?能量如何转化?电源内电路中电荷怎样移动?电场方向如何?电源如何"搬送"电荷?搬送电荷过程中,静电力做功情况怎样?电势能如何变化?是什么力在对电荷做正功?是什么能转化为电势能?

教师教学中抓住重点知识,展开教学,学生学习中针对重点知识,理解掌握,这样的教与学,能最大效率地提高教学效果。教材分析要明确教材重点,教学过程要突出教学重点,但这绝不是说课堂教学只能重视重点内容,非重点内容就可有可无了。应该做到以重点教材为中心,以一定数量的非重点知识做外围,形成一个合理的知识结构整体,同时体现出知识的不同层次。当今物理新知识不断发展,要求不断扩大学生的知识面,而又要求扎扎实实地学好基础物理知识。因而处理好重点和非重点知识,就更显得十分重要①。

第五节　教材难点知识的分析

对教材中难点知识的分析是众多教师重点研究的内容,在教学中努力突破难点,也是具有挑战性、能体现教师教学技能和学科素养的地方。

一、难点知识的形成

教材难点的形成往往与教材的特点以及学生学习物理的思维品质和特点有关。具体来说,以下几点都是教材难点形成的因素。

第一,物理学科的高度抽象性和概括性决定了难点的存在。物理难学是长期以来公认的问题。究其原因也是多方面,其中就有由于物理学研究对象的普遍性,使得物理概念规律具有更大的概括性和抽象性。例如电势的概念,初中学习的电压,学生容易懂,因为它和生活息息相关,但电势的概念本身属于静电场,看不见摸不到,完全靠学生的理解建构情景。在此基础上,引入电势的概念,虽然可以类比重力场来理解它,但依然不能否认,这是一个比较难的概念,对学生的理解能力和抽象能力是一个大的挑战。

第二,物理学科知识的因果逻辑性决定了难点的存在。物理学科相比较其他学科体系更加强调逻辑,中学生在初中以感性思维为主,到了高中,开始逐渐形成因果逻辑思维。虽然在牛顿力学的学习后,学生开始体会到动力学的因果逻辑关系,并且很多同学开始由此得到了乐趣,但随着学习的深入,物理量与物理量之间关系、运动和现象之间的联系对学生的逻辑思维能力要求越来越高,于是形成了越来越多的难点。例如楞次定律,有人说楞次定律是高中物理中最难的定律之一,这里的难,即是指其中的逻辑性:感应电流具有这样的方向,即感应电流的磁场总要阻碍引起感应电流的磁通量的变化。用一个框图(图1-7)来表示如下。

---

① 张同恂.初中物理教材分析和研究.北京:人民教育出版社,1988:20.

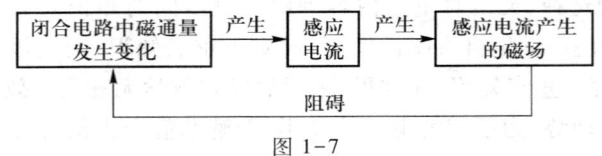

图 1-7

当然这种逻辑之难,理解了也会成为逻辑之美。

第三,物理学的精确量化要求决定了难点的存在。精确量化要求大量的数学工具,要求学生有较好的数学基础,这是很多同学觉得物理难学的重要原因之一。而造成这种客观现象存在原因,与现在初中数学知识难度的降低是有关系的。例如,在万有引力定律一章中,要求对相关物理量的估算,不仅学生觉得难,老师也会觉得复杂;在牛顿运动定律一章中,对物体涉及力进行正交分解计算,由于初中的三角函数要求较低,因此产生了难点,在实际教学中,如下的运算,学生都会觉得是很有难度的。

物体随三角形木块一起向右做匀加速直线运动,求物体所受到的支持力和摩擦力。

解:对物体受力分析如图 1-8 所示,由牛顿第二定律得

$$x: F_N\sin\alpha - F_f\cos\alpha = ma$$
$$y: F_N\cos\alpha + F_f\sin\alpha - mg = 0$$

解得

$$F_N = mg\cos\alpha + ma\sin\alpha, \quad F_f = mg\sin\alpha - ma\cos\alpha$$

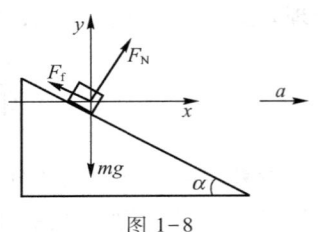

图 1-8

这个求解对高一学生来说,是很有难度的。

第四,前物理概念带来的负迁移。迁移原理是教学中的一条重要原理。正向迁移有利于学生在原有知识的基础上掌握新知识,但思维定势引起的负迁移却干扰对物理概念与规律的正确理解和掌握,给物理教学带来困难。比如对惯性概念的理解,学生往往有这样的错误观念,即认为物体的惯性与它的运动速度有关,速度越大,惯性越大。这个错误观念在学生学习物理以前就已经形成,尽管教授物理时再三告诉学生惯性是物体的固有属性,跟物体的运动状态无关,但一旦碰到具体问题,思维定势仍然在起作用。如认为车子开得快不容易停下来,开得慢容易停下来,是由于两种情况下车子的惯性大小不同造成的。再比如,如果问:当物体以一定速度冲上斜面时,物体的受力分析?学生往往会认为物体除了重力、支持力、摩擦力之外还会受到沿斜面向上的力,这显然是"力是维持物体运动的原因"这一错误的前物理观念在起作用。

第五,容易混淆的概念、规律、认识造成的难点。一些物理概念,其内涵或外延某些相近之处,掌握这些概念如果不注意它们之间的区别和联系,常常被表面上某些相似或联系所迷惑,造成理解和应用上的错误,致使学生感到掌握这些概念很困难。比如万有引力一章中的速度 $v = 7.9$ km/s,它是第一宇宙速度,是最小发射速度,但同时又是最大环绕速度,这一大一小同时在 $v = 7.9$ km/s 上体现,给学生造成了理解上的点。再如,左手定则、右手定则、右手螺旋定则(安培定则),区别它们并正确使用确定是一个难点。

第六,教学过程中产生的难点。教学难点有的是由于知识内容本身的性质特点造成的,也有的是由于学生的思维和心理障碍造成的,还有的是由于教学要求和教学方法不当造成的。比如在必修 2 的万有引力一章,教师教学和学生学习中比较重视公式的推导,结论的记忆,却忽视天体情景的建立过程,造成了学生做题总是从公式结论出发,很难建立图景,造成学习的难点。再

比如,必修 2 的机械能守恒一章,教学过程中,比较强调动能定理的应用,甚至把它推崇为能量解题的唯一公式,而且反复演练,这在某些方面能够保证学生做题的熟练,但同时要注意,动能定理只是众多功能关系的一种,此消彼长,这样的教学过程,对于学生形成能量的观念,对于学生理解能量守恒的思想,是不利的,从而造成教学难点。

二、突破难点的主要方法

教学中的难点是多种多样的。因此,突破教学难点要有针对性,要根据形成难点的原因,分别要采取不同的途径与方法。

1. 通过类比打比方举例子,让抽象的知识具体、形象,从而降低难度。例如讲电势、等势面时,我们将它与地理课程中的等高线相比较;将电场强度的概念与重力加速度 g 进行比较(图 1-9)。

2. 加强物理实验,充分发挥表象的作用。不能在头脑中形成物理图景和展现物理过程,常常是学生出现困难的一个重要原因。因此重视物理实验,通过实验展现物理过程,并充分发挥通过实验所形成的表象的作用,对于形成概念,认识和理解物理过程有很大的益处,因而也是突破难点的基本方法。比如在楞次定律教学中(图 1-10),我们让学生自己绕制线圈,然后通过实验探究得出楞次定律,这可以有效降低楞次定律的难度。

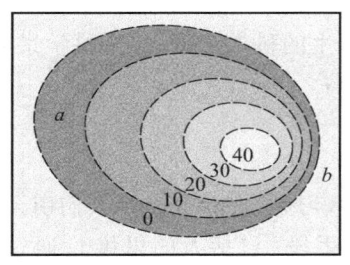

图 1-9

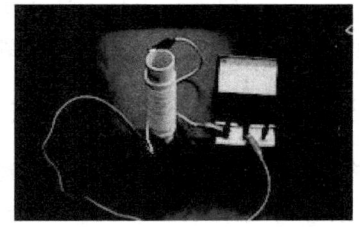

图 1-10

3. 分散知识难点,分解教学要求。许多教师在教学中都总结出了重点要突出、难点要分散的经验。分散难点确实是解决教学疑难问题的有效途径。要想做到难点分散,就必须分解教学要求。对于某些难点,不能企图一次就达到要求,而要有一个逐步掌握逐步深入的过程,这样会大大减少难点的形成并有利于难点的克服。如自感现象的研究,在开始教学时,我们将教学要求设定为:第一步知道什么是自感现象;第二步能分析自感现象的解释;第三步掌握自感电动势的方向和自感现象中的电流随时间变化规律。这三步不是一节课就能达到,尤其是第三步,需通过一定应用分析,学生基本掌握了自感知识后,再在教师的启发下研究,有效降低难度。

4. 注意分析研究学生学习物理的心理特征和思维规律。教学中的不少难点都带有共性,这说明难点的形成和学生自身的思维习惯、认知特点有密切关系。教师要注意总结学生的认知规律,在教学中做到既适合学生的认识结构,又改造他们不合理的认识结构,以达到克服难点以至从根本上减少难点的目的。这是我们突破难点的一条重要之路。例如,认为惯性大小与运动快慢有关的认识,这是学生前概念认知对物理学习带来的负迁移,同时,也反映了从初中到高中的学习过程中,学生还不习惯于从感性思维到理性逻辑思维的转变。结合这个问题,剖析学生产生问题的原因。

第一步,学生观点是什么？是如何产生的？
——主要是在物体减速时,有这个错误,即认为速度大的"难"以停止运动。
第二步,学生观点"错"在哪儿？
第三步,启发学生正确的观点是什么？

这样的分析处理看似烦琐,但对于初入高中的学生来说,这是思维能力提高的最重要过程。

综上所述,突破难点的方法:研"物"明"理",析"因"启"思"。物理学科是建立在实验基础之上,同时充满思辨、逻辑的严密知识方法体系,而后者一定是建立在前者基础之上的。所以突破难点的主要方法就是要从物理本身想办法。一方面可以通过演示实验、学生实验,让学生能从实际探究中理解突破难点,能感受物理的逻辑之美、从而愿意主动去突破难点。难点的出现往往与学生认知特点、知识背景有关,所以搞清楚学生觉得难在什么地方,再从此出发,通过实验、问题启发学生自己重新构建知识,突破难点。

第六节 教材分析中的科学方法分析

物理学的发展,不仅给人类带来了大量的知识、先进的科学技术,为其他学科提供重要的基础作用,更为重要的是,伴随着物理学的研究发展,形成了认识客观世界的科学方法。

在教材分析中,挖掘教材中的方法论因素,对培养学生的科学态度、提升科学素养,掌握科学研究方法是非常有帮助的,同时也有助于教师自身的提高。

一、物理教材中主要的科学方法

在中学物理中,知识点就是指具体的物理概念、规律、习题、实验等。当人们引入概念并加以定义时,或探索总结规律时,必须要借助于一定的工具、手段(包括人的思维),通过一定的操作去观察、去发现,这就是科学方法了。同样当知识点延伸、发展时也要运用方法。再有,运用知识解决实际问题时,知识本身也就具有方法论意义了。[①]

物理教材中所体现的研究物理学所应用的各种基本方法非常多,如观察、实验、逻辑思维(分析、综合归纳、演绎、类比、理想化方法)、数学方法等。例如:

由研究匀速直线运动扩展到匀变速直线运动,使 $x=vt$ 扩展到 $x=v_0t+\frac{1}{2}at^2$,要运用近似方法和极限思想。

牛顿第一定律的建立过程,用到了理想化实验,结合逻辑推理的方法。

发现万有引力的过程中,从太阳与行星间引力与距离平方反比关系,想到地球对月球和地面上物体间的引力也同样遵循相同的规律,这是迁移,再到任意两个物体之间都存在引力,也是科学家常用的"基于一定事实或结论的大胆猜想",这也是一种科学方法。

探究弹性势能表达式的过程,利用了数形结合,类比匀变速直线运动图像求位移的方法。

研究电场时,类比重力场的方法,去建构电场强度、电势等概念。

由部分电路欧姆定律发展为闭合电路欧姆定律,要应用实验的方法。

[①] 乔际平,张宪魁.初中物理教材的选择与分析.北京:高等教育出版社,1993:75.

综合来说,我们在教材分析中进行科学方法分析,主要是在以下几个方面去寻找:① 知识点建立时;② 知识点纵向引伸时;③ 知识点横向扩展时;④ 知识点应用时。

另外,在教材分析中,以物理学发展史为线索,像科学家一样去思考问题,往往能更加体会科学方法的魅力。

二、科学方法分析的具体运用

1. 从概念建立方法分析概念教学

举例:

在选修 3-1 第一章第 8 节,介绍完电容的表达式 $C=\dfrac{Q}{U}$ 时,电容器的电容在数值上等于使两极板间的电势差为 1 V 时电容器需要带的电荷量,需要电荷量多,表示电容器的电容大。这类似于用不同的容器装水(图 1-11),要使容器中的水深都为 1 cm,横截面积大的容器需要的水多。可见,电容是表示电容器容纳电荷本领的物理量。

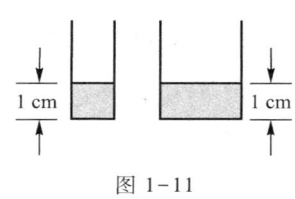

图 1-11

从教材中这段内容我们可以看到,为了帮助理解电容的概念,在没有能与它联系的知识,又无法讲电容的概念时,只好先介绍不同容器装水的本领,再用类比的方法,建立电容是表示电容器容纳电荷本领的物理量。

上述是典型的物理概念的建立,建立一个物理概念要用到很多科学方法。

一般地,物理概念的建立有三个方法。一是概念建立:从经验出发,通过初级的辨别、抽象、分析,构成假设、进行验证和概括等思维活动过程,获得一类事物或现象的共同性,并由此形成概念,称为概念建立。如力的大小、运动的快慢、转动的快慢、冷的程度等概念都是这样建立的。二是概念同化:利用头脑中已有认知结构去联系新知识,使新知识在原有认识结构的基础上获得心理意义,如果成功,便达到认知平衡,实现了概念的同化。例如加速度,联系到速度的概念、时间的概念,结合数学上的比值、速度的定义方法等知识,即可以很容易地理解加速度的定义。三是概念顺应:若新知识与原有的认知结构差别太大,或不易建立联系、进行迁移,这样就需要修改原有认知结构或建立新的认知结构,依靠新的认知结构联系新知识,从而达到认知平衡,这种方法叫概念的顺应。

了解这些方法,有助于教师组织教学,有助于学生学习物理。

另外,定义物理概念常用的方法,教师也应该有所了解:

操作定义法:当我们给一个物理量(例如长度)规定了一套测量程度(或者说方法),并给它规定了一种单位(例如米),我们就说定义了该物理量。比如机械波中的波长,我们规定,相邻的振动总相同的质点间距离即为一个波长。

人为规定法:在经验事实或观察实验的基础上,人们根据需要确定概念的方法,这种确定要符合实际,要自洽于某一理论体系,同时要尽量简单。比如我们规定正电荷定向移动的方向为电流的方向。

比值定义法:就是用两个或多个因子的比值来定义物理量。例如:$C=\dfrac{Q}{U}, E=\dfrac{F}{q}, \varphi=\dfrac{E_p}{q}$ 等。

2. 从规律得出的方法分析规律教学

建立规律常用的方法是实验归纳法,即在大量实验事实的基础上归纳总结规律。这种通过实验归纳总结规律是重要的科学方法。

另外,在建立物理规律的数学表达式时也涉及一些具体的方法。

例如牛顿第二定律的建立:

(1) 单因子实验:即在决定事物规律的多个因素中先固定一些因素不变,只改变其中一个因素进行实验观察,即同学们熟知的"控制变量法"。

首先,固定小车质量 m,改变外力 F,测量加速度 a,可得 $a \propto F$;

然后,保证外力 F 不变,改变小车质量 m,测量加速度 a,可得 $a \propto \dfrac{1}{m}$;

最后,综合两式可得 $a \propto \dfrac{F}{m}$。

(2) 写成数学关系式(等式)

首先,规定单位:规定使 1 kg 的物体产生 1 m/s² 的加速度的力的大小为 1 N。然后,根据上式及上述规律就有了 $a = \dfrac{F}{m}$。

3. 常见的实验方法

(1) 实验效果显示的方法

比较法:在物理实验中,对一些物理现象或物理量,通过比较从而达到异中求同和同中求异的目的,获得问题的解决。如等臂天平电桥等仪器,实验效果也常用比较法。如必修 1 第四章第 2 节,通过两个小车在外力拉动下的运动比较(图 1-12),半定量得出加速度与力和质量的关系。

转换法:也即间接测量法,一些物理现象不易直接观察,借助于力、热、电、光、机械等方法之间的相互转换,实现可观察、容易观察或观察效果明显的目的(图 1-13)。如电压表、电流表测量原理,即是将电学量转化为指针的偏转来进行观察。许多实验设计,如伏安法测电阻就是把要测的电阻转换为测电流和电压。

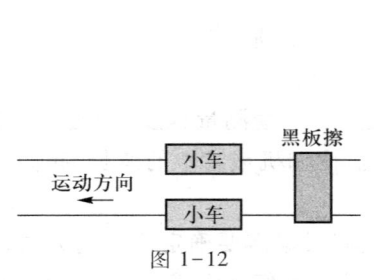

图 1-12

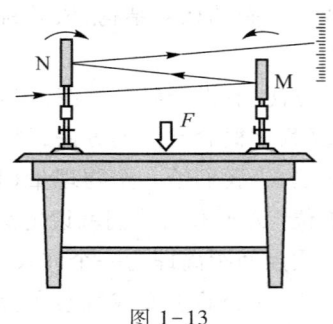

图 1-13

放大法:通过某些设计,将微小量放大,便于观察。如某些测量仪器,游标卡尺、显微镜等,必修 1 第三章第 2 节课后习题提到的用截面是椭圆形瓶子演示微小形变(图 1-14)。许多实验,比如测量一张纸的厚度、测单摆周期,都是采用叠加放大法。

(2) 实验数据的处理方法

中学物理实验中,对实验数据的处理与分析一般有两种方法:一种是表格法,即在实验记录时,直接把数据填入事先画好的表格中,进行分析、概括与计算,找出几个量间的变化关系,并用数学形式表达出来,找到规律。

另一种是图像法处理数据。在中学物理实验数据处理中,经常涉及图像法处理数据,例如探究加速度与质量的关系实验中的 $a-\dfrac{1}{m}$(图 1-15)。

图 1-14

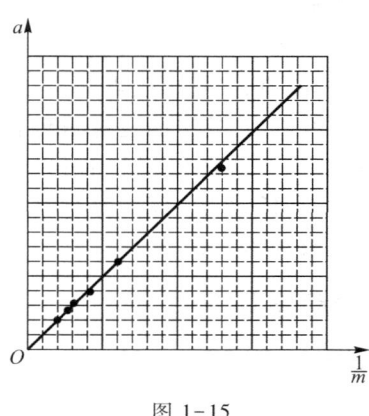

图 1-15

还有一些具体的实验数据处理方法,如逐差法通过纸带数据处理,测量加速度等。

4. 比较和分类

比较和分类是基本的分析问题的方法,尤其是初中物理教学中经常使用,在高中讲解新知识时也常使用。如"相互作用"一章,前 3 节分别研究重力、弹力、摩擦力,其中在讲解弹力时,将推力、拉力、提等作用均划分为弹力,这其实就是科学教育中常见的分类。还有通过比较运动轨迹不同,将运动分为直线运动曲线运动,通过受力是否恒定,将曲线运动分为以平抛运动为代表的匀变速曲线运动,以圆周运动为代表的非匀变速曲线运动等。在知识应用方面也是经常用到分类的方法,比如在用牛顿运动定律解决问题时,将问题归为两类:从受力确定运动情况,从运动情况确定受力。

5. 研究问题从简单情况入手,逐渐复杂化

从简单入手,不仅是为了方便,也是为了符合认知特点,它也是一种科学的研究方法。在高中教材中,直线运动,从匀速直线运动入手,到匀变速直线运动,再到曲线运动、机械振动。电路的学习也是从恒定电流的研究到交变电流的学习等。在"磁场"一章时,从通电导线在磁场中受力说起,然后加以扩展,分析通电线圈在磁场中的受力和运动。

6. 物理模型的应用

著名的法国物理学家拉普拉斯曾说过:"普遍的定律表现在特殊的现象里,而特殊的事例里常掺杂有许多外来的因素,只有用最巧妙的心思才能将它们分开而发现定律。"纵观物理学史,物理模型在物理学的产生和发展过程中发挥了重大作用。可以说物理模型的方法是物理学研究的一种重要方法。

实体模型:质点、点电荷、光滑平面、轻杆、轻绳等;

结构模型:卢瑟福原子模型;电场、磁场的模型等;

过程模型:匀速直线运动、匀变速直线运动、简谐振动等。

三、结合物理学史渗透科学方法研究

物理学发展史就是一部科学方法论发展史。在教材中加入物理学史内容,并在展现科学发展历程中突出方法论的教育,有助于在激发学生学习主动性的同时体会和学习到科学方法。例如,"万有引力定律与航天"中,就有大量的物理学史的介绍,在发现万有引力定律的过程中,从托勒密的本轮均轮模型,到哥白尼的行星绕太阳作匀速圆周运动,再到开普勒的椭圆轨道,都是利用建立物理模型的方法研究天体的运动,而牛顿在发现万有引力定律的过程中,发明微积分方法,越过了变速运动的障碍;又提出质点的模型,通过微积分理论,将天体的质量集中于球心,得出太阳与行星间的万有引力,这里面也有猜想和利用数学得出引力表达式。由太阳与行星的引力想到地球与月球、地球与地面上物体间引力,这是科学猜想,也是一种非常规的科学方法,利用数据实证,最后再推广到任意质点间的万有引力。无疑,这种在教材中引入物理学史无疑是一种有效地进行科学方法教育的方式。

四、教材逻辑程序分析法

乔际平、张宪魁先生在主编的《初中物理教材的选择与分析》一书中,提出教材逻辑程序分析法,即以科学方法为线索进行教材分析、组织教学,这种分析方法的特点是具体、实际、不易遗漏。

具体操作:依据所选教材中每篇、每章编写的顺序,或者是依据某一节教材所提供的传授知识的逻辑顺序,一一对应地分析各程序之间的科学方法。[1]

如选修3-1第一章第8节,电容器的电容。

教学程序	方法论因素
任何两个彼此绝缘又相距很近的导体,都可以看成一个电容器	模型建立:抓住电容器的主要特点,建立电容器模型,并以平行板电容器为例;概念同化
实验:电容器的充放电	实验研究
文字表述电容	抽象概括
定义电容 $C=\dfrac{Q}{U}$,类比盛水容器	类比的方法、比值法定义物理概念
确定单位	量纲
探究平行板电容器的电容	控制变量法
$C=\dfrac{S}{4\pi kd}$ 和 $C=\dfrac{\varepsilon_r S}{4\pi kd}$	归纳法;比较法
几种常用电介质的相对介电常量	列表法
常用电容器	比较和分类
做一做:用传感器观察电容器的放电过程	实验探究法、图像处理数据

---

[1] 乔际平,张宪魁.初中物理教材的选择与分析.北京:高等教育出版社,1993:75.

第七节　教学目的和教学要求的确定

正确地确定教学目的与教学要求是一个十分重要的问题,是分析教材和进行教学的基本要求。教学的目的要求既是决定教学活动的依据,也是检查教学效果的标准。目的要求不明确将无法恰当地进行教学。教学目的不是教师随意主观来确定的,而要根据教材内容和学生状况,从实际出发来确定。其中教材内容又有很大的制约性。脱离开教材内容,就无法组织课堂的教学活动。教学目的中的知识要求、能力要求和思想教育要求,以及如何达到这些要求的途径与方法等,都要从对具体章、节教材的分析中来确定和选择。教学目的确定不当,一个重要的原因就是对教材分析得不够深入,没有认识到教材所具有的价值与功能,因而具体对教材进行分析是正确地确定教学目的的前提。

一、知识要求的确定

这里所谈到的知识要求,指的是对知识的理论价值和应用价值的要求。中学物理知识大体可分为三类,一类是重点知识,一类是重要知识,一类是一般知识。对于不同类别的知识在教学中应有不同的要求。

凡属重点知识都应该达到牢固掌握、熟练运用的程度。所谓掌握,应当包括领会和巩固两个环节。教师即使把知识都讲给了学生,但它并不一定能成为学生的,必须经过学生自己的领会,经过思维加工,才能理解和消化,变成自己的。但仅有领会这个过程还不够,因为随着时间的流逝,知识还可能得而复失,因而必须经过巩固的环节。巩固就是要针对人的遗忘规律,不断地对知识进行强化,向遗忘作斗争。只有经过了领会和巩固这样两个环节才可能达到掌握的程度。知识的运用体现了知识的应用价值。在应用知识的过程中,一方面要用知识来分析和解决问题,另一方面通过应用也使知识得到深化和强化。

重要知识有的也要达到掌握的程度。它和重点知识相比存在着程度上和定量要求上的差别;有的只要求领会或理解。重要知识和重点知识在教学处理中要统筹安排互相配合。

一般知识具有开阔学生的视野、扩大知识面,或者为重点知识提供背景的作用。它要求学生了解或知道。一般没有定量要求,也不强调知识的系统与完整。

二、能力要求的确定

物理教学不仅要使学生获得牢固的基础知识,更要培养和促进他们能力的发展,因此要求教师应该认真地分析教材中知识的能力价值。

所谓知识的能力价值,就是指知识本身所含有的对人的能力发展有促进作用的因素。要分析知识的能力价值,必须首先认识知识的能力价值的特殊属性。知识的能力价值具有隐蔽性,它凝聚在知识中,因而掌握了知识,不一定就发挥了知识的能力价值。知识的能力价值没有一定的范围,不像知识本身那样有一定的内涵和外延,但知识的能力价值却是可以发现的。而且它还具有结构性和等级性,即它有自己独特的结构,这个结构往往带有方法论的意义。相同的知识内容,由于不同的结构,其能力价值就不同。这种不同常常表现为不同的类别或不同的级别。

知识能力价值的发挥,重要的在于挖掘。如对初中力学中力的概念,如果教学中注意力仅仅放在知识上,只着眼于如何使学生知道力的概念,则不能很好地培养能力。其实,在力的知识教学中可以挖掘出不少发展学生能力的因素,但这种因素表面上是看不出来的,常常要和教学过程相结合才能发挥作用。比如在讲授力的概念时,先举出一些实例,如两个学生相距较近互相推,提起重物,手握握力计,拉弹簧拉力器等,并从这些推、提、压、拉等能产生力的不同动作中找出它们的共同特点来,即都必须有物体,而且单独一个物体不会产生力,力是物体对物体的作用。这样通过力的概念的学习,就会逐步培养学生从物理现象和物理实验中分析、归纳事物的共同特征的能力。如果教学中还注意让学生运用得到的力的概念来分析、解释生活现象和自然现象,就可以使学生逐步学会运用物理概念来分析各种具体现象的能力。

在注意发挥知识的能力价值的时候,除对知识本身的能力因素深入挖掘外,更要注意提供知识转化为能力的条件。

因为能力是一种个性的心理特征,是在动态中形成的,因而教学中要特别重视知识的形成过程和知识的运用环节。如在实验课中,如果不是让学生做实验,而是由教师讲实验,或者给学生提供详细的实验册,只让学生"按空填数",毫不动脑,那么,这样就不能提供使知识转化为能力的条件,把培养能力的过程简单地变成为传授知识的过程,这显然是不可能培养学生能力的。

三、思想教育要求的确定

如何通过物理教学向学生进行思想教育,这是我们分析教材时的另一项重要任务。对于这一点首先要提高自觉性,认识到它是物理教学自身的一项要求,每个教师有义不容辞的责任。同时还要掌握进行思想教育的内容和方法。

在物理教学中向学生进行辩证唯物主义教育是思想教育的重要内容。进行辩证唯物主义教育,就是要用辩证唯物主义的观点和方法来讲述物理知识,使学生在理解知识的同时受到教育。辩证唯物主义教育主要应该体现在,在教学中渗透世界是物质的,物质是不断发展变化的,这种变化是有规律的等观点。

爱国主义思想的教育也应该很好地体现在物理教学中。这种教育应该从教材的实际出发,反映我们中华民族不论是古代还是现代都对人类科学的发展做出了贡献,以增强我们的民族自信心和自豪感。不论是中国人还是外国人,他们从事科学研究事业并奉献给自己祖国的这种献身精神都应该成为爱国主义教育的内容。

还要注意,在物理教学中培养学生相信科学和热爱科学的精神,培养学生尊重事实、实事求是的科学态度和良好的科学习惯,特别是在初中就能养成这种态度和习惯,对他们今后的学习和一生的事业都是至关重要的。

第二章

高中物理教材分析与处理(概述)

广义的物理教材,指物理教育所使用的一切材料,包括物理教科书、习题集、学生阅读书籍、网络资源、电影、录像等声像资料,以及其他各种辅助物理教育材料。在通常情况下,物理教材则主要指物理教科书。物理教科书,是根据物理教学大纲,通过编写和组织,把物理学的知识、物理思想、物理方法,按照一定的逻辑程序构成一个教学体系[①]。

第一节 高中物理教材的要求和特点

从这一章开始,我们对人民教育出版社2010年出版的高中教材进行分析。这一章从整体上进行分析,后两章对部分内容进行分析。分析教材,首先要了解教材的编写意图和教材的特点,这可以说是分析教材的出发点。

现行的高中物理教材是以《基础教育课程改革纲要(试行)》和《普通高中物理课程标准(实验)》为依据的。按照纲要和课程标准,要坚持以学生发展为本的教育思想,为培养全面发展、有科学素养和健全人格的新型人才服务;要体现"多样化""选择性"的精神,编写不同系列、不同风格、各具特色的教材,以便学生根据自己的发展潜能和兴趣爱好进行选择;教材呈现方式要有利于学生学习方式和教师教学方式的转变;要注意联系社会、联系生活实际,突出科学技术与社会相互联系和影响的观点;教材要有新意和时代气息。针对高中物理教学,明确提出要以观察、实验为基础,使学生学习终身发展必备的物理基础知识和技能,能学习科学探究方法,发展自主学习能力,养成良好的思维习惯,发展好奇心与求知欲,发展科学探索兴趣。

我们要从这些基本要求出发来分析这套教材的特点。

一、教材结构:继承传统、科学分类、体现选择

我国几十年来的物理,其知识结构的整体框架比较偏重于物理科学的知识结构,基本上是以力、热、电、光、原子物理的序列体系编排。不同时期的物理教材,其序列和各部分内容,可能有所不同;使电、光的倒序,声学的处理,原子的内容扩展为近代物理基础知识等。在考虑学生的认知结构时,比较注重强调从简单到复杂,从感性到理性,从个别到一般等单方向认知。

目前世界各国中学物理教材的体系,大体可分为如下几种类型。一类和我国类似,大体是按物质运动形态从低级到高级,即以力、热、电、光、原子物理的次序排列。我国现行教材及传统的苏美等国采用这种体系。其优点是与物理学的历史发展即人类总体的认识顺序大体统一,因而逻辑体系比较合理。但这种体系较少考虑中学生的年龄、心理特点,产生不少学习难点。另外,在内容上重视经典物理部分,较少涉及近代物理基础知识。

---

① 乔际平,续佩君.物理教育学.南昌:江西教育出版社,1992:95.

现行的教材,大体继承了传统的教材体系安排,并且进行了细化。具体来说,有以下特点:

(1) 模块化、分系列

图 2-1 是高中物理课程结构框图①:

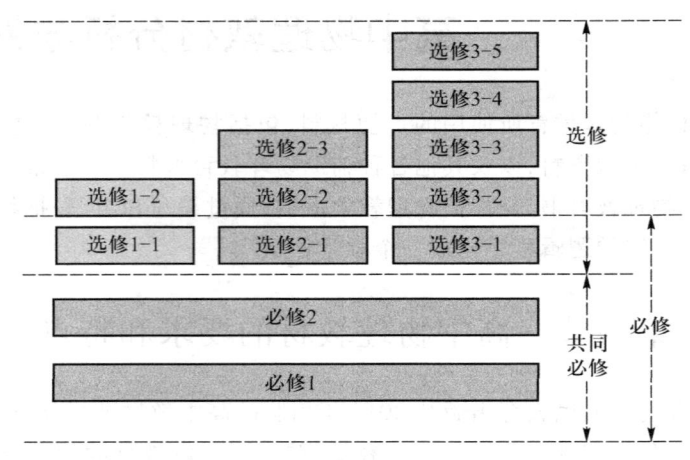

图 2-1

各系列的特点:

物理 1 和物理 2(共同必修模块):学习中要经历一些科学探究活动,初步了解物理学的特点和研究方法,体会物理学在生活和生产中的应用以及对社会发展的影响,同时为下一步选学模块做准备。

选修 1:以物理学的核心内容为载体,侧重物理学与社会的相互关联和相互作用,突出物理学的人文价值,注重物理学与日常生活、社会科学以及人文学科的融合,强调物理学对人类文明的影响。

选修 2:以物理学的核心内容为载体,侧重从技术应用的角度展示物理学,强调物理学与技术的结合,着重体现物理学的应用性、实践性。

选修 3:较全面地、综合地展示物理学的基本内容,强调物理学的思想和方法,较为深入地体现物理学在技术中的应用以及对经济、社会的影响。

下面以各系列对电磁波内容的要求为例,说明不同系列的区别。

● 选修 1

初步了解麦克斯韦电磁场理论的基本思想,体会其在物理学发展中的意义。初步了解"场"是物质存在的形式之一。

列举电磁波在日常生活和生产中的广泛应用。了解电磁波的技术应用对人类生活方式的影响,结合日常生活中的具体实例发表见解。

例:讨论通信技术的发展对人类生活方式的影响。

举例说明科学技术的应用对人类现代生活产生的正面和负面影响,对科学、技术及社会协调发展的重要性发表自己的观点。

---

① 中华人民共和国教育部.普通高中物理课程标准(实验).北京:人民教育出版社,2003.

例:举例说明电磁波的应用对人类生活产生的正面和负面影响。
- 选修 2

了解电磁波及其发射、传播和接收原理。知道光的电磁本性和电磁波谱。举例说明电磁波在社会生活中的应用。

例:比较无线电波中的长波、中波、短波、微波的不同传播特点。

收集资料,了解移动通信的工作模式、常用术语和移动电话的常用功能。

例:了解移动电话的工作原理。

初步了解电视、广播和电视机的工作模式,知道电视机的主要结构。了解电视、广播技术的新进展。

例:了解高清晰度电视与普通电视的主要区别。

- 选修 3

初步了解麦克斯韦电磁场理论的基本思想以及在物理学发展史上的意义。

了解电磁波的产生。通过电磁波体会电磁场的物质性。

了解电磁波的发射、传播和接收。

通过实例认识电磁波谱,知道光是电磁波。

了解电磁波的应用和在科技、经济、社会发展中的作用。

(2) 以物理学知识体系为线索,注重学生的认知

现行教材相对以往教材,在章节内容安排上还是有不小的变化的,例如,将"动量守恒定律"从以力学为主的必修 1、必修 2 中挑选出来,放在选修 3-5,这一方面是考虑到知识的难度,另一方面也是考虑到,动量守恒定律是自然界的基本守恒定律之一,是研究微观粒子所必需的知识。选修 3-4 的内容含机械振动、机械波、电磁波的知识,这显然是考虑到它们都属于"波",在知识上和研究方法上,可以类比。从内容的编排上,也注意了知识的基础性和应用性的不同。如将电场、恒定电流、磁场编入选修 3-1,而将综合程度更高,应用性更强的电磁感应、交变电流、传感器编入选修 3-2,这既是对知识体系的细化分类,也是符合学生的认知特点的安排。

二、教材作用:促进自主学习,重视科学探究

教学应该是师与生、生与生、师生与包括教科书在内的教学资源之间互相交流、启发和补充的过程。有鉴于此,物理课程应该力戒枯燥呆板地罗列概念和公式,更不要成为一幅没有背景和色彩的"拼图"。它应该以严谨的态度撷取科学的果实,并轻松活泼地展现科学思想发展的脉络,对学生产生强烈的吸引和激励。如此,学生们才可能真正地走向自主学习的大门。[①]

以选修 3-2 第四章第 2 节探究电磁感应的产生为例,本节内容中有很多这样的文字:

我们在初中已经学过,当闭合导体回路的一部分做切割磁感线的运动时,其中会产生感应电流。还有哪些情况可以产生感应电流?

……

观察电流的指针,把观察到的现象记录在下面的表格中

……

---

① 张维善. 致教师们. 试教通讯:高中物理专辑(一),2006.

在这个实验中,什么情况下能够产生感应电流?
……
归纳以上四项实验观察的结果,你能得出什么结论?
……

除此外,还有"想一想""做一做"等栏目,这样的教材,在潜移默化中促使学生自主学习、自主建构、自主探究物理知识。

课程标准将"科学探究"列入了课程标准,它既是"过程与方法"目标的组成部分,也是一种重要的教学方式。在科学教育中的科学探究,是让学生经历与科学工作者进行科学研究时的相近或相似的过程,从中获得知识与技能,体验探究的曲折与乐趣,感受科学思想和树立科学精神。由此可见,自主学习是科学探究的前提,也是科学探究的有机组成部分。与结果相比,在科学探究中更重视的是过程。因为科学探究在教育中的主要作用在于播种一种行为,收获一种习惯。

教材力求为学生创造自主探究、合作交流的空间。例如,选修3-1第二章第6节的"探究导体电阻与其影响因素的定量关系",教材在实验中只给出了考虑问题的一些方面,具体的做法需要学生自己设计。为了突出探究的意思,教材给出了可供参考的两个方案,以显示探究的灵活性。

高中物理中的科学探究不全是实验探究,它比初中阶段的探究范围更广泛。为此,教材安排了几个典型的、没有实验活动的科学探究。例如必修2第七章第5节"探究弹性势能的表达式"、第五章第6节"探究向心加速度大小的表达式"等。

物理学发展史,本身就是一个非常好的科学探究史,所以将物理学史引入教材,不仅能让学生感受科学的人文精神,更能体会科学探究的过程和科学方法的应用。例如选修1-1在第二章第2节"电流磁效应的发现"中,将奥斯特如何思考、如何发现问题的历史足迹呈现给学生,在历史与逻辑的结合下,更好地理解物理规律的本质和内涵。

三、教材目标:落实课程目标[①]

现行课程标准相对于以往的重点是制定了三维的培养目标:知识与技能、过程与方法、情感态度与价值观。这不仅是对"基础知识和基本技能"的"双基"培养目标的补充和完善,更是在科学教育本质的认识上的一种飞跃。

物理学不仅以其概念、原理和规律揭示了自然界基本运动形式的诸多真理,而且以在建立这种知识体系的过程中所升华和发展了的科学思维和研究方法,推动科学的继续进步。与此同时,它的知识、方法和思想对人类活动的广阔领域都产生影响,成为人类文化的一部分,尤其是它的每一次重大成就,都改变着人们的自然观、世界观,成为人类思想和观念进步的伟大阶段。

这就是说,物理学本身就是科学知识、科学过程、科学方法和科学文化的统一。三维课程目标乃是物理学本质在教育中的反映。

例如,在牛顿运动定律的教学中,以"双基"的培养目标去看,可能认为牛顿第二定律最重要,因为它能用来解题。不过,从三维培养目标看来,牛顿第一定律则包含着极富成果的科学概念,如力、惯性、参考系等。正是它摧毁了亚里士多德观念的基础,引导牛顿以新的视角看待引

---

① 张维善. 致教师们. 试教通讯:高中物理专辑(一),2006.

力,从而令人信服地表明,天上与人间遵从同样的力学。所以,它是一个不亚于哥白尼日心说的科学革命,是牛顿物理学的基石。

当然,现行教材还有很多其他特点,例如重视基础、兼顾学生差异,联系实际,突出 STS 的思想等。这些都有待我们继续挖掘。

现行教材还编入了阅读材料,供学生自己阅读。这些阅读材料对培养兴趣、开阔眼界、活跃思维都有好处。阅读材料介绍了几位科学家的生平和故事,发明和发现,以及他们勤奋好学、刻苦钻研的事迹,可以对学生有很大的激励。阅读材料中介绍了一些发明和发现的历史,希望学生体会到前人的发明和发现不是轻而易举的,是反复地多方面地进行研究和探索,从不同的角度思考问题,经过曲折的道路实现的。阅读材料中还介绍了一些知识性的材料,以扩展知识面。现行教材阅读材料中也有一些我国古代的发明,借以激发学生爱国主义精神。所有这些阅读材料都不要求教师讲解,也不要求学生掌握,某些地方学生读不懂也没有关系,知道有这么一回事,也是开阔了眼界。

教师要对学生的阅读给予指导,对有兴趣的同学要给予帮助和鼓励,介绍他们阅读一些课外读物。这里我们就不得不提到课程标准里提出"课程资源"的概念。

课程资源是课程提出的一个重要概念。物理课程资源包括教科书、教学和学生的教学用书、科技图书、录像带、视听光盘、计算机教学软件、报刊、互联网、图书馆、实验室、专用教室、实践基地以及校外的博物馆、展览馆、科技馆、公共图书馆、电视节目、工厂、农村、科研院所等。课程资源是决定课程目标能否达成的重要因素之一。[①] 从这层意义上说,课程资源即广义的物理教材。

课程要求物理教育的培养目标是提高全体学生的科学素养。为了实现这个课程总目标,物理教学应该贯彻"从生活走向物理,从物理走向社会"的理念,倡导"自主、合作、探究"的学习方式。这种学习目标的实现离不开丰富多样的课程资源。但大部分的课程资源是潜在的教学资源,只有经过开发与运用,才能转化为实际教学的组成部分。合理地建设、调配、开发、利用课程资源是物理教师的重要任务。

教科书只是众多教学资源的一部分。在从教科书演变成实际教学的过程中,存在着教师创造性劳动的广阔空间。这是展现教师对物理学与物理课程丰富多彩的理解的舞台,它需要师生情感交流、智力交锋、相互启迪、设问释疑、轻松和谐的氛围,这样才能使固化在书本中的一切在学生们心中和手中鲜活起来……这是教师的光荣与使命。[②]

第二节　高中物理教材的内容和安排

现行物理教材的内容涉及了力、电、热、光、近代物理,相比较以往教材,丰富了传感器的内容,增加了相对论的知识。考虑到实际情况,不同地区的学校、不同层次的学生选择的内容不同,教材的内容顺序处理也不尽相同。

一、教材的内容和安排

我们以北京地区文、理科学生为例来说明。

[①] 中华人民共和国教育部.普通高中物理课程标准(实验).北京:人民教育出版社,2003:61.
[②] 张维善.致教师们.试教通讯:高中物理专辑(一),2006.

高一：所有学生完成公共必修1和必修2的内容；高二上学期，文科学生选择选修1-1学习，理科学生选择选修3-1学习，之后参加北京高中毕业会考。高二下学期及高三，理科学生继续学习选修3-2、3-3、3-4、3-5。其他地区的学生根据高考要求，选择不同的内容进行学习。在具体内容上，选修3-3的第九章不要求，选修3-4的第十五章不要求。

当然，不同地区、不同层次学校，会在教学内容编排上有所不同。下表是某中学结合自己学习特点，进行的教学内容的编排：

学段	书本	章节	章节标题	说明
高一上学期	必修1	第一章	运动的描述	力学
		第二章	匀变速直线运动的研究	
		第三章	相互作用	
		第四章	牛顿运动定律	
高一下学期	必修2	第五章	曲线运动	
		第六章	万有引力与航天	
		第七章	机械能守恒定律	
	选修3-5	第十六章	动量守恒定律	
	选修3-4	第十一章	机械振动	
		第十二章	机械波	
高二上学期	选修3-1	第一章	静电场	电学
		第二章	恒定电流	
		第三章	磁场	
	选修3-3	第七章	分子动理论	热学
		第八章	气体	
		第十章	热力学定律	
高二下学期	选修3-2	第四章	电磁感应	电学
		第五章	交变电流	
		第六章	传感器	
		第十四章	电磁波	
		第十三章	光	光学
	选修3-5	第十七章	波粒二象性	原子物理
		第十八章	原子结构	
		第十九章	原子核	

二、各部分教材体系、重难点分析

每一本教材都有其特殊的体系,现行教材也是如此,下面从整个力学部分的体系进行分析,以达到对现行体系安排的理解。

1. 力学体系分析

在本书第一章第三节中我们从知识结构的角度分析了高中的力学体系。现在我们按照教材的安排顺序来分析一下力学的体系。

高中力学知识在高中课本必修1、必修2、选修3-4、3-5均有所涉及,它有以下几个部分。第一部分是必修1的全部四章、必修2的第五章、第六章,主要在力和机械运动概念的基础上,阐述"运动和力"的关系,即我们所说的动力学思想的建立和应用。前三章是基础,第四章是核心,第五章和第六章是应用(图2-2)。

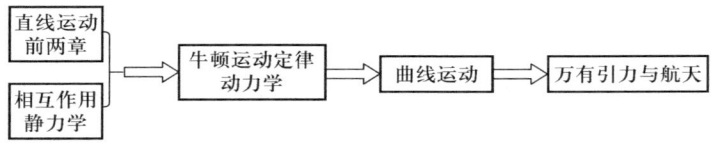

图 2-2

第二部分是必修2的第七章,结合机械能的相关知识,阐述能量思想的建立和应用。牛顿运动定律是基础,功能关系守恒思想是重点,同时通过应用达到对能量思想的理解和掌握,同时培养学生综合分析问题能力和抽象概括能力(图2-3)。

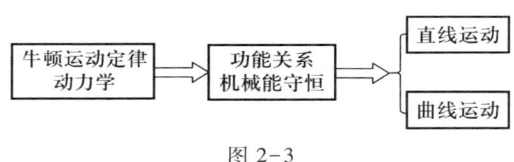

图 2-3

第三部分是选修3-5的动量,研究动量思想的建立和应用。牛顿运动定律是基础,动量定理、动量守恒定律是重点,同时通过与能量综合应用于系统,以达到对动量思想的理解和掌握,同时培养学生的综合分析问题能力(图2-4)。

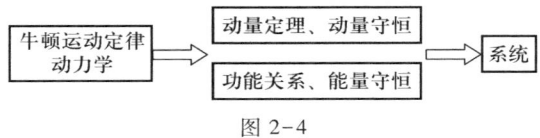

图 2-4

第四部分是选修3-4的机械振动和机械波,地位上其实与匀变速直线运动、曲线运动的地位相当,但高中阶段,可以理解为力学方法的综合应用(图2-5)。

图 2-5

2. 力学重难点分析

根据学科知识的特点来看，力学的重点是牛顿运动定律，从知识的发展和推理来说，它是静力学、运动学的综合，又是能量、动量思想的基础。从科学方法来说，以牛顿运动定律为核心的动力学思想，是研究物理问题的有效方法。所以学好牛顿运动定律是力学学习的重点。教材中，也是前后用了六章，近一个半学期的时间，围绕牛顿运动定律的得出、理解和应用展开了研究，突出了重点。

力学的难点是能量和动量，二者综合程度较高，并且知识本身比较抽象，尤其动量，学生没有任何基础，对学生的理解能力要求极高。从运动来看，振动由于其运动本身的复杂性，以及对数学要求较高，自然也是属于难点。

由上述分析可以看出，现行的教材体系是有意义的：

（1）课程总目标，学习终身发展必备的物理基础知识和技能。作为文理科学生都要学习的内容，将综合应用程度较高的机械振动放在3-4，将比较复杂抽象的动量部分放到3-5是符合课程目标的；

（2）从学生认知来说，高一阶段，有限时间里，以往的力学知识要求太高了，适当分散难点，也是非常有必要的。

对教材的各部分的概述，就不一一展开了。在下面两章，我们将详细分析两部分内容。

第三章

力学部分教材分析

第一节 "绪论"的教学

一、绪论的地位和作用

绪论课是学生学习高中物理的"起始",是对学生学习高中物理知识的动员课。但实际教学中,有的教师往往认为绪论课没什么可讲的,没有知识点,还耽误课时,对考试检测没有什么作用,所以轻视甚至不上绪论课;有的教师会将绪论课作为物理学史、研究范围、广泛应用的介绍课;有的教师会将绪论课作为展示个人才华的"表演"课;有的教师会将绪论课上成物理实验展示课等。其实,多数学生,对于物理学是一门重要的和有用的学科已有一定的认识,所以他们会对高中物理学习内容和学习方法充满好奇;但因为听说过"高中物理难",所以又有点担心。因此绪论课的教学设计既要开阔学生的视野,对高中物理有新鲜感,又要考虑学生的可接受性,还要对学生最关心的怎样学习高中物理的问题,有一定的启示。

绪论课的教学目标可确定如下:

(1) 了解物理学对人类文明、社会进步的影响、在科学中的基础地位;

(2) 知道高中物理与初中物理在内容和方法上的区别;

(3) 知道高中物理学习的基本要求。

二、教学建议

绪论的教学中,不必过多拘泥于课文的具体叙述,最好要根据自己的理解和学生的情况,灵活地组织教学,确定具体的教学内容,选择适宜的教学方法,选择学生最熟悉、最好是亲身经历过的事例来激发学生的兴趣。绪论课所阐明的一般性、规律性的论述,不可能要求学生一下子就认识得很深——只要学生对所论述的几个问题有所领悟——思想上受到启发,对今后学习切实起到引导作用,也就可以了。

具体建议如下:

1. 引导学生回顾总结初中物理课学习方法的得与失。
- 初中时是否喜欢物理课和物理老师?原因是什么?
- 学习好的感受,怎样得到的?
- 学习困惑的感受,怎样得到的?
- 你是怎样学习物理课的?
- 哪些内容还有印象,掌握得好,原因是什么?
- 上高中后,对物理有什么听闻,想法,打算?

- 老师和学生多人、多方面沟通。把高中物理学习特色、学习要求融入学生的交流讨论之中。
- 在起始课上,让学生对物理课的上法耳目一新,不由得就参与其中,不再是只听老师"讲课"。

2. 关于物理学研究什么,物理学的重要性,高中物理研究内容及特点等。
- 要简明扼要,不可罗列过多。
- 要有少而精的音像资料。
- 多让学生发言,不可不顾学生感受地一味"灌输"。

3. 为了让学生明白研究物理问题的根本方法是观察和实验,教师要逐一把实验做好,引导学生观察和思考,弄清每一个实验说明了什么问题,突出物理研究中实验的重要性。所以绪论课上安排实验的原则应当是:
- 实验装置力求简单,实验现象明显,便于学生观察,能获得深刻印象。
- 实验富有启发性,能引起兴趣。
- 选择的实验能突出初高中学习的不同。
- 易于揭示规律。
- 实验要适量,不宜过多。

以下实验可以酌情选用几个参考:

实验 1. 微小形变演示:指导学生观察实验、培养质疑精神。

实验 2. 离心轨道(图 3-1):可以设置悬念,让学生猜,从哪儿释放,小球能通过最高点?学生通过初中能量的定性分析,很容易认为从等高的地方释放,小球能通过最高点。但是,当看到没有过最高点时,学生会疑惑,此时老师在此告诉学生:高中物理是在初中学习基础上进一步的学习,比如从定性到定量的分析。

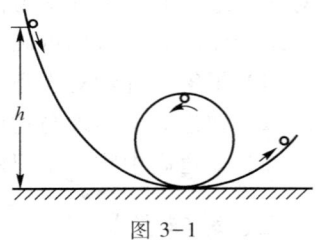

图 3-1

实验 3. "牛顿摆"(图 3-2):碰撞,速度交换,引起学生的兴趣。操作:一个球拉起来释放;两个球拉起来释放;三个球拉起来释放……

实验 4. 电源内阻的演示(图 3-3):依次闭合开关,灯渐暗,电压表示数渐小。与初中始终认为电源电压恒定不变造成认知冲突。

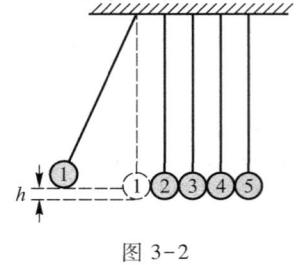

图 3-2

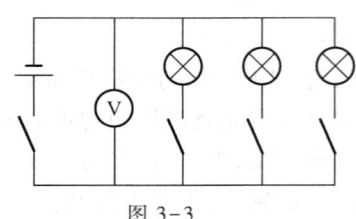

图 3-3

实验 5. "楞次环"的演示(图 3-4):磁极移近或远离 圆环会产生什么现象?

实验 6. 电阻阻尼实验(图 3-5):将两个磁铁分别从铝管和塑料管释放,观察它们下落情况,并思考可能的原因。

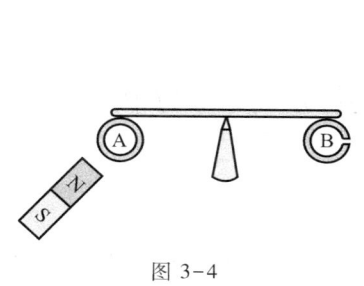

图 3-4

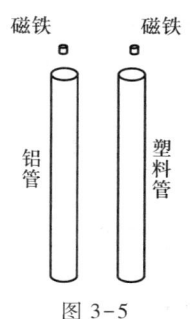

图 3-5

实验 7. 自感现象:一节干电池造成电击实验。

实验 8. 光导纤维等。

注意:上述实验要有所选择,并清楚自己选择实验演示,要达到什么目的。如为了说明高中学习知识内容,则可以从力、热、电、光知识点各选择一个;为了说明高中学习知识更加接近于生活实际,可以选择 2、4。

4. 布置阅读课本:要指导,读什么内容;达到什么要求等。

5. 布置要求。

笔记要求:怎么记笔记?笔记怎么用?

作业要求:可在第一次留作业时布置,并逐渐讲评。

- 多大的作业本,几个
- 在距作业本左边缘 1 cm 处画一道竖线,线内写题号
- 每次作业第 1 行必须注明出处、页数、完成日期
- 示意图、公式、文字、单位各方面的要求
- 改错要求
- 做题允许出错,但基本要求不能有折扣
- 表扬鼓励,不断点评,形成习惯

6. 关于如何学好物理知识的三点建议的说明。

(1) 要重视观察和实验。观察什么? 观察老师做的演示,观察自己动手做的实验;观察自己动手做的实验;观察自然界中,生活中和所能接触到的生产中的有关物理现象。自己做实验时,不要只图有趣,看热闹,观察要仔细,要动脑筋想问题。要养成随时观察,勤于实验,勤于动脑思考的好习惯。

(2) 要重视理解。不理解靠死记硬背会越学越困难;只有理解了才能对物理感兴趣,学起来才会觉得容易。不仅要学生重视理解,教师在教学的各个环节都应体现加强理解的精神。

(3) 要重视理论联系实际。怎样搞好理论联系实际,要强调:只有理论联系实际地学习,才能理解所学的知识,牢固地掌握知识,提高学习效果;也只有理论联系实际地学习,才能培养学生运用知识分析解决实际问题的能力。

总结一下,"绪论"很重要,有三条要牢记:

一是让学生对高中物理课有概略了解,有好的开始;

二是让学生想上物理课;

三是让学生喜欢你这个物理老师。

第二节 "直线运动"教材分析

一、本章教材概述

高中物理起始章节的内容,不同版本的教材处理不同,有的把"力"放在第一章,有的把"直线运动"放在开头。这两种处理方法各有利弊。"力"相对来说,学生比较熟悉,解题方法比较明确,操作程序化,比较易于学生掌握,但是其中的数学知识要求较高,虽然学生有一定学习力的基础,但是"力"还是比较抽象的,对学生能力要求较高。"直线运动"相关现象比较常见,学生有一定的感性认识,涉及的数学知识比"力"简单,易于学生掌握。另一方面,对矢量的学习应该逐步深入,到力的概念之后才会有比较全面的认识,所以把力学放在了后面,也是不错的处理方式。当然先学力还是先学运动学,这不是本质性的问题,不必进行过多讨论。

运动学的内容比较多,可以分成两条主线,一条是基本概念(描述质点的运动)的建立和基本的运动(匀速直线运动、匀变速直线运动)研究;另一条线是学习实验器材的使用方法和实验数据的处理方法,不涉及物理定律。本章内容是后续力和运动的关系学习基础,同时为学习更复杂的曲线运动与简谐运动打下坚实的基础。本章涉及的科学方法和实验技能也是后续物理学习的主要方法和技能。

相关知识内容之间结构如下:

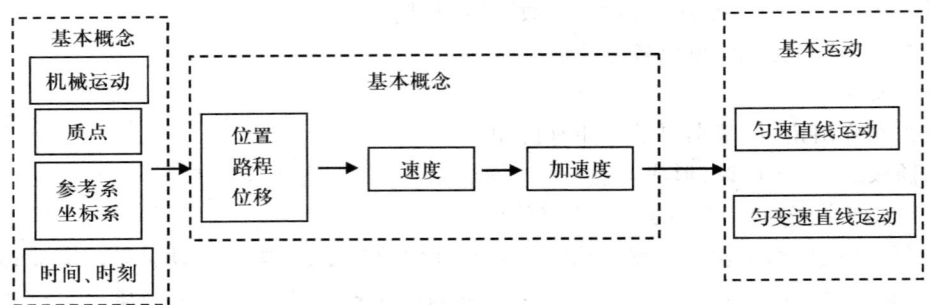

本章教学上的特点:

1. 基本概念多,仔细理解,扎实掌握,不要追求速度。
2. 学生第一次尝试用图像去认识问题、分析问题、解决问题,因此要讲透。
3. 第一次学习建立理想模型(质点)的方法。
4. 理解速度、加速度这种用比值定义物理量的方法,对学生学习后续物理知识十分重要。
5. 公式较多,一定在充分理解的基础上记忆,避免生搬硬套公式。习题不宜过难。

结合课程标准,可确定如下教学目标:

1. 理解描述质点运动的概念和物理量;会用打点计时器记录质点的运动,并能根据纸带测质点运动速度;会用图像描述质点运动。

2. 了解和体会理想化模型的特点和在科学研究中的作用;了解和体会比值定义法在科学研究中的应用;体会数学在物理中的重要性;了解极限思想的应用。

3. 掌握公式和图像描述匀变速直线运动的方法,理解并熟练掌握匀变速直线运动的规律,以及运用规律分析解决有关问题的能力;掌握自由落体运动的规律。

4. 初步了解伽利略研究自由落体运动所用的实验和推理方法,初步了解近代实验科学产生的背景,认识实验对物理学发展的推动作用。

本章教学的重难点分析:

重点:本章重点有四个概念——质点、位移、速度、加速度;一个实验——打点计时器研究匀变速直线运动;以及匀变速直线运动的规律。

难点:加速度的概念是教学难点;实验数据处理也是难点。加速度的难首先在于它是极为抽象的概念,我们很难利用日常的感觉经验来建立这个概念;突破这个难点的方法在于找到能让学生感受到的生活经验;其次在于加速度是速度矢量的变化率,速度变化率包含丰富内容,也比较抽象,初学高中物理的学生,一开始学习矢量已感到有困难,对瞬时矢量觉得抽象,现在要理解速度矢量的增量、变化率的概念当然是很困难的。突破这个难点的方法在于通过实例类比,理解变化率的概念。实验数据处理,涉及处理的原理、数据的计算,这些都是学生的弱点,所以讲清原理、适当练习是有必要的。

二、教学建议

本章的教学建议如下:

(1) 引导学生自主建立概念,探究规律。

(2) 要注意培养学生的科学思维和研究方法。

(3) 实验探究,用图像分析物理问题,微积分的思想,极限的思想等。

(4) 领悟伽利略的科学精神、物理思想、研究方法。

(5) 在解题时注意矢量的方向、发散思维。

(6) 有意识地培养学生的自主学习(分组实验、复习总结、研读教材)意识。

具体章节的教材分析和教学建议:

1. 关于质点概念的教学

质点概念的重要性,除了它是研究对象的抽象模型,更重要的是,它是高中的第一个物理模型,所以要通过质点,了解物理模型的特点,体会物理模型在科学研究中的作用,可以这样说,建立模型就是一种科学方法。从这层意义来说,质点的概念非常重要,在教学中应该围绕它展开讨论,具体来说,有以下几个问题需要说明:

(1) 描述运动的困难:物体有大小、有形状;各部分运动情况不一样;

(2) 什么情况下可以忽略物体的大小和形状? 让同学举例说明;

(3) 平动物体,也可以看作质点:物体各部分、各点运动情况都相同,那么在研究其运动规律时,它的任何一点的运动,都可以代表整体的运动。这时,也可以把物体当成质点。

2. 坐标系

为了定量地、精确地描述运动,还要应用数学工具和方法,这也是"物理核心素养"中的实验探究能力要求。这里的教学,有两个问题要说清楚:

一就是事件发生的客观实际,比如发生地点、时间,其实与坐标的选择无关。

二就是参照物、参考系、坐标系的区别与联系:简单说,就是坐标系建立在参照物上就成了"参考系"。或者说,参考系就是建立了坐标系的参照物。

3. 关于位移的教学

位移和路程的教学要注意:形象、具体的图像;学生的参与和体验。因为这是第一次讲矢量,要通过练习,理解图示矢量的画法,如图 3-6 和图 3-7。

图 3-6　　　　　　　　　图 3-7

要明白正负号的意义:位移方向与选定坐标的正方向相同、相反

要明确 $x_1 \to x_2$ 位移大小、方向,$x_A \to x_B$ 位移大小、方向都与坐标系的选择无关——可以用不同原点位置不同正方向选择去体验这个特点。

4. 关于速度的教学

学生在小学、初中都学过速度,并做过大量计算,本节内容要在科学内涵和科学方法上有明显提升。

(1) 速度的定义

展示:大量图像展示运动有快慢。

讨论:你怎样判断物体运动的快慢?怎样比较两个物体运动快慢?

思考:

相同时间比位移(大小):时速、赛跑冲刺照片上谁在前;

相同位移(大小)比时间:比赛纪录;

时间、位移都不相同呢?取相同时间,则通过比值,得出单位时间的位移比较。

这里用到的科学方法有:

归纳的方法:通过大量的事例归纳出比较快慢的方法;

比值定义物理量的方法:上述建立速度的过程就是比值定义物理量方法的过程,其实也体现了比值定义法的意义,要让学生思考两个问题:谁比谁? 为什么? 同时联系密度、压强、功率等概念定义,重新体会一下其中的"滋味"

(2) 平均速度、瞬时速度

包含这时刻在内的微小时间 Δt,包含这位置在内的微小位移 Δx,其中 Δt 与 Δx 对应,以 $\dfrac{\Delta x}{\Delta t}$ (平均速度)代替瞬时速度。理论上,Δt 要趋近于零,实际上,"足够小"即可,例如百米赛跑的运动员撞线的瞬时,取 $\Delta x = 1$ m,就足够精确了;另外,我们有时候在气垫导轨上用光电门去测量滑块的速度,当两个光电门逐渐靠近时,相当于 Δt 越来越小,我们会发现求得的滑块速度越来越趋近于某个值,当 Δt 小到一定程度的时候,测得的速度基本上看不出变化了,这是测量仪器精度导致的,当然这个时候,我们也可以认为 Δt "足够小"了!

这就是极限思想,而在实际问题中进行"足够小"的处理,也是一种科学思维。

（3）其他如速度图像：注意与位移图像的区别；单位换算：等量代换，要掌握规范的方法步骤。

5. 用打点计时器测速度

在教学中，要注意不要干巴巴讲打点计时器的构造和使用。要强调研究物体的运动，要从记录运动开始，即时间、位置。在讲解打点计时器之前，要通过其他方法让同学体会这个过程。比如，让一辆行驶很慢的玩具车往前运动，拿着秒表计时，事先标好位置，如每隔 20 cm 做一标记，到一标记时，记录一下时间，这样就可以得到位置-时间关系，从而能进一步研究运动。还有，手打点：一个同学负责打点（闭眼，以免受到干扰），另一个同学拉动纸带，让学生体会快打点、慢打点、快拉纸带、慢拉纸带，各是什么感觉，什么结果。

6. 关于加速度的教学

加速度的教学要：激发学生的前认识，引导学生自己建立新概念，内化为自身的科学知识。

（1）激发前认识

加速度的概念离学生的生活经验更近了，但有不少教师甚至认为学生的前认识里根本没有加速度的概念。其实，学生的潜意识里有，不过很模糊，常常是速度（位置变化的快慢）和加速度（速度变化的快慢）分辨不清。为了激发学生的前认识，可以创设这样的情景：变速运动很常见，如蝴蝶、苍蝇的运动，乌龟、兔子的运动，铅球、乒乓球的运动，载重汽车、小客车的运动（红灯变绿灯后的快速启动、遇到紧急情况下的急刹车），等等。一般情况下，他们都在做变速运动，速度都在变化，那么，他们的速度变化有什么特点呢？

在教师创设的情景里，在教师设问的启发下，通过独立思考，不少学生能认识到这些物体在运动的过程中速度有增大有减小，即使变化趋势一样，变化的快慢也常常不一样：如，苍蝇比蝴蝶速度变化快，因此，扑蝶可以徒手，而打苍蝇不仅要用苍蝇拍，动作还必须敏捷；乒乓球比铅球速度变化快，因此，用乒乓球可以单打、双打、发球、接球有多种方式（削、旋、扣等），而铅球只能向无人处投掷。

通过联系实际，把"速度变化有快有慢"从学生的潜意识中激发出来后，再围绕"如何描述速度变化的快慢"这个主题展开教学过程，学生就能水到渠成地自主建构加速度的概念了。

（2）比值定义加速度

以熟悉的方法和程序处理不熟悉的新问题，这就是科学方法的应用。

好的实例，能够引导学生自己建立新概念。在本节，给定以下数据：

	t/s	0	1	2	3	4	5	…
玩具车	$v/(m \cdot s^{-1})$	0	0.2	0.5	0	0.4	0.1	…
火车	$v/(m \cdot s^{-1})$	5.0	5.3	5.6	5.9	6.2	6.5	…
汽车	$v/(m \cdot s^{-1})$	30	25	20	15	10	5	…

（i）分析玩具车、火车、汽车的速度变化特点。

（ii）计算火车和汽车的加速度？根据结果，谁的速度变化快？加速度的正负的物理意义？

（iii）还是上述数据，如果设与速度反向为正方向，再求加速度？谁的速度变化快？

	t/s	0	1	2	3	4	5	…
火车	$v/(\text{m}\cdot\text{s}^{-1})$	-5.0	-5.3	-5.6	-5.9	-6.2	-6.5	…
汽车	$v/(\text{m}\cdot\text{s}^{-1})$	-30	-25	-20	-15	-10	-5	…

（ⅳ）再思考:加速度正负的物理意义？如何根据加速度和速度的正负（方向）判断运动的特点？

（3）化解矢量减法的难点

将矢量的减法，看作加上负矢量，$v_2-v_1=v_2+(-v_1)$，再结合矢量图（图 3-8）分析，有效化解矢量减法的难点。

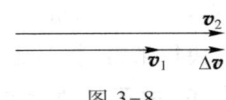

图 3-8

示意图：

通过实例，体会示意图、正方向、矢量式、运算规则、正负号的意义、a 与 v 方向的关系、a 方向的含义。

7. 探究小车速度随时间变化的规律

这应该是第三次进实验室使用打点计时器和纸带研究运动了，与前两次训练的要求有衔接、有提高。操作应更加规范和熟练。

（1）注意细节

- 打点器应固定在木板上，而不是固定在木板外的桌上；
- 车尾纸带从上向下卡，走起来能和打点计时器的限位孔一样高；
- 限位孔要与车后纸带对齐；
- 纸带点迹的标示要清楚。

（2）要让学生自己设计表格

- 横纵坐标的标度、单位；
- 至少选 5~6 个坐标点作图；
- 不是用光滑的曲线把点连接起来，而是直线拟合。

8. 匀变速直线运动的速度与时间的关系

（1）v-t 图像:三个层面的要求——作图、识图、解图

要求学生语言表达、数学公式表达、数学图像表达和所表达的事实、物理情景一定要统一。用多个简单例子，说出或演示出对应的实例图景。

（2）补充位置随时间变化图像 x-t（图 3-9）

让学生自己画画"龟兔赛跑"的 x-t 图像。

9. 匀变速直线运动的位移与时间的关系

本节课主线就是从匀速直线运动的图像面积表示位移（图 3-10），推到匀变速直线运动速度时间图像中图线与坐标轴组成的图像面积的物理意义。

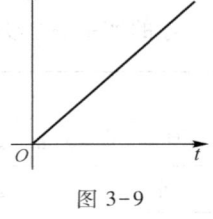

图 3-9

（1）要指导学生看书，分组讨论：假设在 0，0.1 s，0.2 s，0.3 s，…时刻开始作匀速直线运动，几个矩形（位移）之和是否能表示 0~0.3 s 及以后的位移大小？让学生充分发表意见；

（2）时间间隔越来越小，计算结果将越来越接近真实情况。而各小矩形面积总和更趋近于梯形面积。

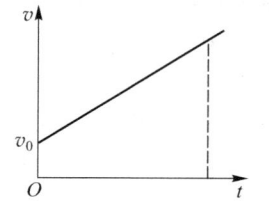
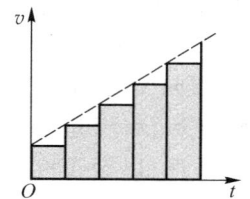

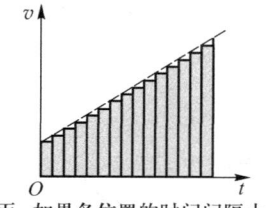
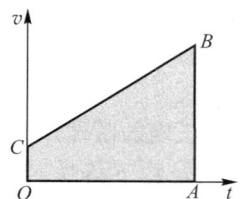

甲　某物体以初速度v_0做匀变速直线运动的速度-时间图像

乙　每两个位置间的位移，近似等于以$t/5$为底，以速度为高的细高矩形的面积，矩形面积之和可以粗略地表示整个运动过程的位移

丙　如果各位置的时间间隔小一些，这些矩形面积之和就能比较精确地代表整个运动的位移

丁　如果时间分得非常细，小矩形就会非常多，它们的面积就等于CB斜线下梯形的面积，也就是整个运动的位移

图 3-10

（3）推广：如果是非匀变速的复杂运动，无限细分之后，也可以用曲线下面积表示位移大小（图 3-11）。

本课要把握新旧知识的联系，把握教学手段对应的物理情景。一定要让学生讨论，体会出其中的科学方法。掌握熟悉以后，到探究弹簧弹性势能表达式的时候，求变力做的功，用的就是一样的方法。

10. 自由落体运动和伽利略对自由落体运动的研究

两节内容可以整合在一起进行研究。涉及的问题有以下几点。

（1）重的物体是否比轻的物体下落得快？

设计方案、假设预期、选择器材、实施探究、结果分析、交流分享。

演示：羽毛、粉笔头、小铁球、泡沫板、纸带（展开的和揉成团）操作、观察、讨论。

（2）学史介绍

ⅰ）亚里士多德生平和他的观点

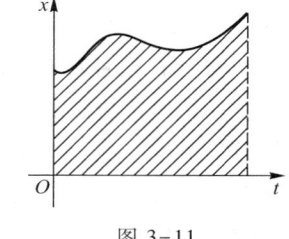

图 3-11

亚里士多德是古希腊人，他生活在公元前 4 世纪，师从柏拉图，柏拉图的老师是苏格拉底，三代师徒都是哲学史上赫赫有名的人物。亚里士多德是青出于蓝而胜于蓝，他被称为古希腊文化的集大成者，他研究领域极其广泛，有天文、逻辑、伦理、政治、法律、物理，还研究过修辞、写过诗，甚至解剖；这涉及亚里士多德对自然的认识。他认为自然是由四种元素组成的：火在上，空气、水在中间，土在下。组成物质的元素不同决定了物质在空气中是上升还是下降，而通过大量观察如石头比树叶落得快等等现象，组成元素的多少决定了物质下降的快慢，所以亚里士多德得出重的物体下落得快的结论。可以看得出来亚里士多德的观点不是无中生有，毫无根据，他是有大量的观察事实作为基础。这在当时已经是非常了解不起的了，因为同时代的人"相信神胜过相信自己的眼睛"，而亚里士多德是相信真理信过一切，他流传于世最经

典的一句话就是"吾爱吾师,吾尤爱真理",这儿的真理,不是来自于神,甚至不是老师,而是来自于客观事实,所以他主张要全面、投入、独立地观察现象,才能获得知识。当然这个结论是不正确的,靠简单的分析和归纳,想得到科学结论还是不够的。因为亚里士多德的博学、伟大,尤其是意大利学者阿奎那,将亚里士多德的哲学与圣经相结合,从此,亚里士多德被供上了神台,他的理论成为了真理,以至于在后面的两千多年的时间里,人们对他盲目崇拜,对他的观点、结论不加质疑,全盘接收。如果稍加质疑,就被认为是大逆不道,对圣人、神的不敬!对亚里士多德的最大背叛,恰恰是对他的"吾尤爱真理的科学精神的背叛"。直到14世纪,再次扛起了这面科学精神大旗的人出现了,他就是同样伟大的伽利略。伽利略要质疑的可不是一个人,一个理论,而是绵延了两千多年的旧思想,他要想质疑建立正确的理论,得需要有多大的勇气啊?这不是一般人能做的!更重要的是他得有更具说服力的论据,要有全新的研究方法。

ⅱ)伽利略质疑并建立正确的落体运动规律

他首先是打破"重物比轻物下落快"的错误观,其次建立"没有介质阻力时,重物与轻物下落同样快!"的观点,最后通过实验验证他的观点,如伽利略的手稿(图3-12)。

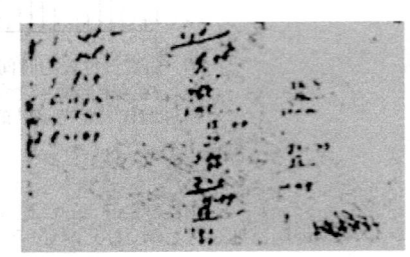

图 3-12

这是伽利略伟大著作之一《关于两门新科学的对话》中的一段,伽利略借其中人物萨尔维亚蒂之口给了这个问题解决的答案。萨尔维亚蒂:"……我们已经看到不同比重的物体速度之差在那些阻力最大的介质中是十分显著的;例如,在水银介质中,黄金不仅比起铅来沉底更快,而且它根本是仅有的下沉的物质;所有其他的金属和岩石都漂浮在表面。另一方面在空气中黄金、铅、铜、岩石以及其他重材料做的球之间速度的差别是如此的微小,从100库比特高(古希腊长度单位)下落的黄金球一定不会超前黄铜球四指宽。观察到这一点,我得出的结论是:在完全没有阻力的介质中所有的物体以相同的速度下落……"

(3)指导阅读书本,从书上列举的不同地方的重力加速度数值,总结规律。

(4)测反应时间,是体现课程标准要求和核心素养的有价值的小课题。

思考:如何把反应时间直接标在尺上?讨论原理。

利用尺子开展研究:不同人群的反应时间;经过锻炼,反应时间变化跟踪研究。

第三节 "相互作用""牛顿运动定律"章节教材分析

一、本章教材概述

在初中,已经学习了力的一些知识,知道力是物体间相互作用,知道重力的大小和方向,对摩擦力只是定性有所了解,对于浮力了解比较透彻,同学已经能够根据二力平衡知道,对一条直线上多个力平衡问题进行讨论。在高中,定量研究摩擦力和弹簧弹力大小方向问题,同时结合力是矢量的特征,研究共点力平衡条件和直线质点动力学问题。主要内容逻辑结构如下:

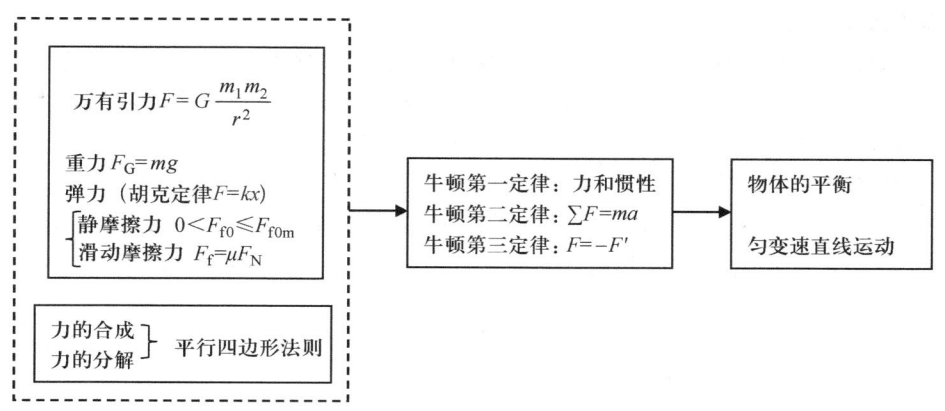

第一部分包括力的定律、力的运算法则——其中万有引力定律是下一章的内容,但从知识地位上来说,与其他重力、弹力、摩擦力的定律地位相当,这一部分与前面的运动学,构成了第二部分动力学的基础;第二部分包括牛顿三大定律,是核心内容;第三部分是应用,主要是直线运动的动力学分析,包括物体的平衡和匀变速直线运动的研究,与下一章的曲线运动和后面学习的机械振动一起,构成高中物理质点动力学应用。

牛顿运动定律是整个动力学的核心内容,根据牛顿运动定律可以确定物体位置、速度变化的规律,可以控制物体的运动。牛顿运动定律对直线运动、曲线运动都适用,本章只限于研究物体的直线运动,接下来两章讨论牛顿运动定律对曲线运动和天体运动的应用。利用牛顿运动定律,以数学为逻辑推理的工具,即可以推导出动量定理、动能定理、包括刚体转动定律、角动量定理等等。从牛顿运动定律出发,我们可以构建完整的经典力学体系。此外牛顿运动定律还是进一步学习热学、电磁学等其他部分所必需的知识。因此,牛顿运动定律在力学和整个物理学中占有极为重要的地位,是中学物理教学中的重点章节之一,要求学生能牢固掌握和灵活运用。

在课程标准中对这两章的要求是:

(1) 通过实验认识滑动摩擦、静摩擦的规律,能用动摩擦因数计算摩擦力。

(2) 知道常见的形变,通过实验了解物体的弹性,知道胡克定律。

(3) 通过实验,理解力的合成与分解,知道共点力的平衡条件,区分矢量和标量,用力的合成与分解分析日常生活中的问题。

(4) 通过实验,探究加速度与物体质量、物体受力的关系。

(5) 理解牛顿运动定律,用牛顿运动定律解释生活中的有关问题。

(6) 通过实验认识超重和失重现象。

(7) 认识单位制在物理学中的重要意义,知道国际单位制中的力学单位。

对牛顿运动定律的综合应用:教科书分两节分别阐述。首先阐述用牛顿运动定律解决的两类基本问题:从受力确定运动情况和从运动情况确定受力。然后,教科书进一步研究牛顿运动定律的两个特殊应用:共点力的平衡条件;超重和失重。

本章教学上的特点:

1. 抽象思维性强。例如,牛顿第一定律的建立,虽然是以实验为基础的,但它不能被直接用实验加以验证,它是实验、思维、推理和想象合的产物。因此,我们在教学中必须重视培养和发展学生抽象思维和科学想象能力。

2. 运用数学工具来概括、表述物理规律。例如,牛顿第二定律是在实验事实的基础上,利用数学知识总结出的客观规律,用一个简洁的数学公式表达了这个定律的内容和物理本质。因此,我们必须重视培养学生运用数学工具总结实验规律的能力。

3. 矢量计算要求高。在运动学,学生已经对矢量运算有所了解,但只限于一条直线上的运动,在这一章,学生要进一步学习平面内矢量的叠加,甚至空间内矢量的叠加,通过正交分解法和平行四边形法则的学习,初步掌握共点力平衡条件的应用、力与加速度相关的计算。

4. 实验要求能力高。三个定律都是建立在实验基础上,例如牛顿第一定律建立在理想化的实验基础上,牛顿第二定律对应于学生实验,牛顿第三定律有大量的生活实例和课堂演示实验,所以必须重视培养学生实证思维和实验能力。

5. 应用比较广泛。运用牛顿运动定律可以解决质点运动学和动力学的许多问题。它不仅可以说明、解释、计算一些地面上常见的运动,而且还可以说明、解释、计算一些天空中常见的运动和天体运动。因此,我们教学中应对说明、解释物理现象和计算、解题的思路多给学生以指导,培养学生分析问题和解决问题的能力。

在分析了教材的地位、重难点、知识结构之后,我们可以确定本章的教学目标:

(1) 掌握重力、弹力、摩擦力的概念和相关的定律;

(2) 理解并掌握互成角度的力的合成,会根据平行四边形法则研究共点力的合成与力的分解;

(3) 理解牛顿运动定律,能进一步理解力和惯性的概念;

(4) 能理解理想化模型在科学研究中的应用;能体会科学想象和抽象思维在建立规律中的作用;进一步提高实验能力,应用数学工具总结和表达实验规律,以及运用牛顿运动定律分析和解决有关问题的能力。

本章教学的重难点分析:

重点:重力、弹力、摩擦力的计算、力的合成与分解、牛顿三大定律及其应用是本章的重点。牛顿三大定律本身内容重要,各定律的建立过程也非常重要。比如牛顿第一定律的实验基础:伽利略的理想对接斜面实验。牛顿第二定律的探究过程。惯性的概念也是本章的重点概念。

难点:力的合成与分解相关的运算是难点,这是学生第一次进行平面矢量运算,学生的三角函数和几何相关数学知识是形成这个难点的重要因素。两个实验:伽利略的理想对接斜面实验的理解;探究加速度与力和质量关系的实验过程。前者难在实验的逻辑,后者难在实验的操作和数据处理。"惯性大小与运动速度无关"是本章学生在惯性概念理解应用时易出的错,也是难点,这跟学生思维定势有关。

二、教学建议

本章的教学建议如下:

(1) 能从力的三要素全面了解重力、弹力、摩擦力的规律;体会自主学习的过程,让学生能通过探究得到相关知识。

(2) 通过实例分析、实验探究,理解力的运算法则:平行四边形法则。

(3) 强调惯性定律是牛顿物理学的基石;理解牛顿第二定律是牛顿物理学的核心。强调惯性定律在科学中的地位与作用,意在引导学生了解科学的发现和发展。同时,科学家自身的创造性思维品质和敢于置疑、坚持真理的献身精神又成为情感态度价值观教育的好素材。

(4) 重视科学知识的应用过程;科学教育应该引导学生用获取的知识和研究方法去审视、发现和解决与这些问题相联系的习题,并且在解决习题时,应重视过程而不应只重视结果。

(5) 注重渗透物理思想、物理方法。理想实验是一种科学的思维方法,在物理研究中具有十分重要的地位和作用。探究加速度与力和质量的关系的实验过程,包括实验数据处理是完整地实验探究科学的方法的展示。

具体章节的教材分析及建议:

1. 重力,基本相互作用

教材分析

本节内容结构:实例分析→什么原因使物体运动状态发生变化,什么原因使物体发生形变→力的概念和图示方法→重力及重心→四种基本相互作用及其特征。

本节的教学重点包括:力的作用效果、力的概念和力的图示方法以及重力和重心的概念。如何理解"力是物体对物体间的相互作用"表述,由于表述的抽象性是教学中的难点。

教学建议

教学中要通过大量的实例,引导学生归纳出力的描述性定义。这也是突破这个难点的有效方法。

重力知识是力学学习的起点和基础,在初中已学习相关的一些知识,包括重力的由来;探求重力的大小与什么因素有关(与 m 成正比);重力的方向,重心;力的示意图,力的图示等。在进行教学之前认真阅读初中 9 年级课本相关内容,做到心中有数。

利用悬挂法求重心,比初中有所提高,证明它的合理性要用到二力平衡知识,建议让学生自己探究,自制小道具,也是能调动学生积极性的方式。

四种基本相互作用放到正文中,这在中学物理教材中尚属首次。这些内容属于常识性了解的层次,知道大意就可以了。

2. 弹力

教材分析

弹力是高中力学的基本内容和重要内容,是高一学生在学习过程中的一个难点。本节内容逻辑:弹力产生的原因和条件→弹力三要素分析(方向、大小)。本节涉及两组实验,一是通过放大法演示微小形变,这是重要实验方法。另外就是通过实验探究弹簧弹力与形变量的关系。

本节的教学重点包括:弹力产生的原因、条件,弹力的方向,弹簧弹力的大小计算。其中弹力产生条件和弹力方向是教学中的难点。

教学建议

(1) 弹力产生的条件:接触、形变(弹性形变)——多让学生举例子,通过大量的例子,归纳出弹力产生条件。

(2) 演示形变:拉、压、弯曲、扭转、剪切形变等。通过放大法演示微小形变——这种放大法是物理学中常用的方法。演示杆的形变可以是拉、压、弯、扭,而绳的形变只是拉伸。

(3) 弹力的方向:是本节内容的难点,建议教师列举一些具体实例,让学生分组讨论弹力的方向,总结出相关结论——不宜过难;学生另一个难点在于画弹力时的作用点,尤其是同一接触面的支持力和压力。如图 3-13 和图 3-14,教师的示范和展示很重要。

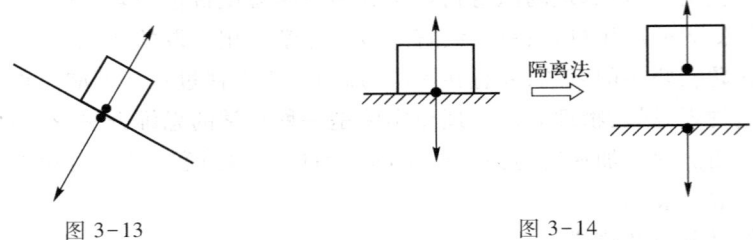

图 3-13   图 3-14

(4) 胡克定律:建议将演示实验转化为学生实验操作进行,注意提醒学生细节:不要超过弹性限度;示范用图像的方法进行数据处理。

(5) 学史介绍:胡克定律是由英国力学家胡克(Robert Hooke,1635—1703)于 1678 年发现的,胡克提出该定律的过程颇有趣味,他于 1676 年发表了一句拉丁语字谜,谜面是:ceiiinosssttuv。两年后他公布了谜底是:ut tensio sic vis,意思是"力如伸长(那样变化)",这正是胡克定律的中心内容。实际上早于他 1 500 年前,东汉的经学家和教育家郑玄(公元 127—200)为《考工记·马人》一文的"量其力,有三钧"一句作注解中写到:"假设弓力胜三石,引之中三尺,弛其弦,以绳缓摆之,每加物一石,则张一尺",正确地揭示了力与形变成正比的关系,而郑玄的发现要比胡克要早 1 500 年。因此有物理学家认为胡克定律应称之为"郑玄-胡克定律"。①

3. 摩擦力

教材分析

本节内容是在初中摩擦力知识基础上的延伸和拓展。与弹力地位等同,本节内容是本章教学的重点也是难点。尤其是静摩擦力的存在和方向的判断是教学难点。这是因为静摩擦力发生在相对静止的物体之间,相对运动趋势不是很直观,需要结合实际情况进行分析得到,所以对学生的思维能力要求较高。

教学建议

(1) 让学生多观察、多举例、多交流,尤其是静摩擦力,如:推桌子而桌子不动、手握酒瓶、手拧瓶盖、系鞋带、人走路前后脚与地面的摩擦力……都是静摩擦力。

(2) 教学过程的优化:由于滑动摩擦力和静摩擦力产生条件中有两点是相同的即:表面粗糙、有正压力,所以在讲解过程中,可以先说明这两个条件,再讲有相对运动时,产生滑动摩擦力;有相对运动趋势时,产生静摩擦力。

图 3-15

(3) 突破关于相对运动或相对运动趋势的判断:如右图 3-15 所示,让学生分析在发生怎样的相对运动情况下会产生如图所示的效果,给学生道具,充分讨论交流。

(4) 如何判断相对运动趋势的方法?方法:假定接触面光滑,看它们如何相对运动。多举例,让学生体会、归纳这种方法。

---

① 刘树勇,李银山.郑玄与胡克定律——兼与仪德刚博士商榷[J].自然科学史研究,2007,26(2):248-254.

例如：人走路，若地面打滑，人的后脚往后蹬地必向后滑，而前脚向前落地时必向前滑，由此判断各自相对运动趋势如何，地面和脚所受的摩擦力方向各如何，认真讨论、体会。

例如：木块静止在斜面上时的相对运动趋势（图 3-16）。假设光滑，木块将沿斜面下滑。即由相对静止演变成相对运动，这种相对运动其实没有发生，所以是相对运动趋势。

例如：汽车上放有货箱（图 3-17）。一起向前匀速运动，二者相对静止。汽车加速，箱子虽然向前运动，如果摩擦力不够，箱子会从车尾掉下，即相对车有向后动的趋势。箱子受静摩擦力向前。若摩擦力足够大，箱子随车一起加速。

图 3-16　　　　　　　　　　　图 3-17

例如：A、B 一起运动，如何分析 A 物体受到的摩擦力（图 3-18）？若 A、B 一起匀速：学生们经常出现的问题是：认为有与速度同向的摩擦力。这是学生前概念的错误认知，即认为有运动，一定有力。如何破除学生的错误认知？我们可以引导学生思考，如果有力，A 是否能做匀速直线运动？也可以从假设接触面光滑的方法来研究，假设光滑，A 将保持原有速度匀速，B 也保持原有速度匀速，那么 A、B 依然相对静止，说明没有相对运动趋势，所以没有静摩擦力。这是典型的从正、反两面论述的案例。若 A、B 一起向右加速，类似于上述方法，可以从正、反两面论述。另外，可以用乘公共汽车类比体会，A 为人，B 为车，车加速，人为什么后仰？脚受向前的摩擦力，随车加速了，身体有惯性则后仰，可体会此时 A、B 之间有摩擦力。

图 3-18　　　　　　　　　　　图 3-19

（5）演示和探究可供选择的方案：在研究滑动摩擦力相关因素时，如果拉动木块运动，很难保持木块匀速运动。可以引导学生采取方法：将木块固定，抽动下面的接触面，则根据二力平衡，通过与木块连接的弹簧秤测得物体受到的摩擦力（图 3-19）。

4. 力的合成

教材分析

力是矢量，力的合成遵守平行四边形法则，合力和分力的大小关系是由平行四边形法则来确定的，与两个标量相加法则相比，是观念上的一次飞跃，必须特别重视这个飞跃。

本节内容结构：实例分析→合力、分力的概念→探究求合力方法→平行四边形定则→应用→共点力的概念。

本节是这章的重点内容也是难点，难点的形成主要原因：一是由于学生没有相关的经验，二是数学的向量知识还没有学习，所以首先要通过实例让学生意识到力的合成不遵从标量的代数和加减运算。

教学建议

演示:做好演示实验,让学生能体会到合力和分力的等效性(图 3-20 和图 3-21)。

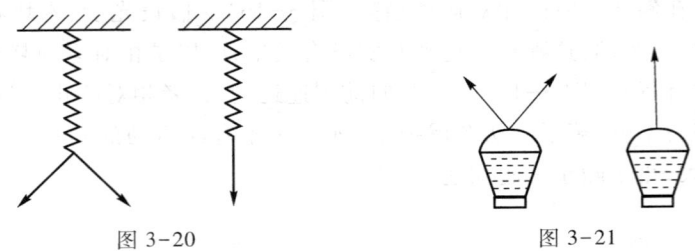

图 3-20　　　　　图 3-21

关于"探究求合力的方法"的实验

(1)按书的装置需要用弹簧秤倒置使用,误差较大。建议用磁性定滑轮挂在黑板上,将钩码挂在下面,施加力的作用。橡皮筋一端固定。

(2)绕过定滑轮 1、2,挂钩码,使橡皮筋自由端被拉至 O 点,作出 O 点标记。

(3)学生在黑板上认真规范地作出 F_1、F_2 图示(方向、大小、作用点)。

(4)撤去定滑轮 1、2,换用定滑轮 3。只用一个力 F,把橡皮筋自由端也拉到 O 点,使 F 一个力作用和 F_1、F_2 两个力作用效果相同(图 3-22)。

(5)学生上黑板认真作出 F 的图示。显然 F_1、F_2、F 三个力图都是从 O 点开始的。

(6)注意:第二次钩码数不是 $4+3=7$,也不是 $4-3=1$,而是逐渐试探。

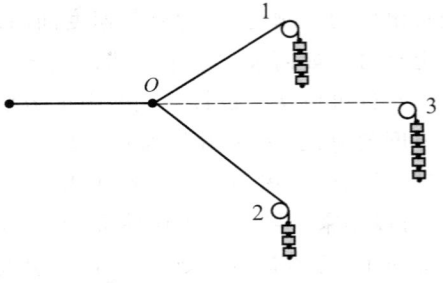

图 3-22

(7)得出结论的方法有两个:把 F_1、F_2、F_3 三个力的图示末端连起来,看出是平等四边形;以 F_1 和 F_2 为邻边,认真规范做平行四边形,看对角线是否与 F 重合。

(8)再改变滑轮位置重做上述实验。

合力与分力夹角的关系,必须有教具或模拟软件演示。通过多观察,对图景有清晰牢固的印象。建议增加一点练习:$F_1=4\text{ N}$,$F_2=3\text{ N}$,求二者夹角为 $0°$、$60°$、$90°$、$150°$、$180°$ 时的合力的大小和方向。

5. 力的分解

教材分析

总体框架:力的分解→三角形定则→定义矢量标量

其中关于力的分解内容安排为:实例引入(拖拉机拉着耙前进)→力的分解→力的分解法则→分解的无穷解特性→提出:要根据实际情况确定力的分解→实例分析(斜面、引桥)

在力的合成基础之上,学习本节相对难度降低,但对于学生来说,力分解的不确定性是本节的难点。力的分解遵循平行四边形定则是本节的重点。

教学建议

本节要通过大量实例让学生对力的分解有感性认识,通过实验,让学生体会什么叫"根据实际情况进行力的分解"。为了突破学习难点,建议由多个图景展示"一个力可以产生两个或多个效果。如图 3-23,以 F 斜向上拉木块,通过台秤示数减小和物体向右滑动,演示 F 在竖直方向和水平方向的作用效果;在倾斜的钢尺上放一个小物块,以橡皮筋拉住,通过钢尺弯曲、橡皮筋变长演示在重力作用下,物体会对斜面产生挤压效果和沿斜面下滑的效果(图3-24)。

还可以扩展加深,上述例子中,可以改变拉力 F 的方向,观察台秤读数的变化;改变钢尺倾斜角度,观察它的弯曲程度和橡皮筋的变长效果。从力的分解的平行四边形上加以说明。

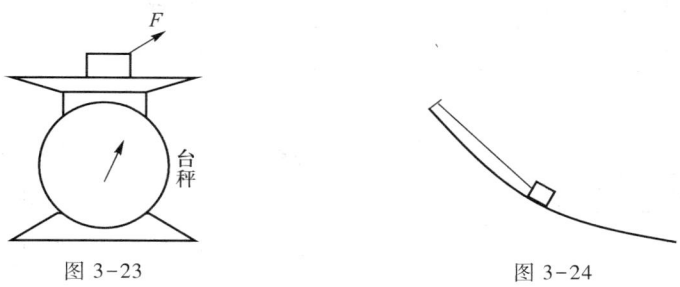

图 3-23　　　　　　　　图 3-24

为了让学生能感受到随着分力夹角的变化,引起的分力大小变化,可以采取下面的实验:如图3-25,双手提双线,下面挂着较重砝码,两手逐渐分开,使两线夹角变大,感受力的变化并讨论和作图。夹角变大有时甚至会使线被拉断,还可演示刀、斧、凿、刨等切削工具的刃部下劈的作用(图3-26),根据力的分解分析、讨论作图说明。

图 3-25　　　　　　　　图 3-26

关于"正交分解":在上述情景中指出,将力分解到相互垂直的两个方向方法也称为力的正交分解,是以后解决平衡问题、动力学问题的基础,同时可以借此机会,练习利用三角函数求分力大小的方法。

到这一节,学生已经认识到,位移、力这样的物理量,不仅有大小而且有方向,它们相加时遵循平行四边形定则。也只有到这时,学习矢量的时机才算成熟了。当然,到了必修2,通过运动的合成与分解的学习,速度这个物理量也具有这样的特征。通过矢量教学的例子可以看出,学习重要的概念和规律时,"一次到位"的想法是不可取的。

6. 牛顿第一定律

教材分析

本节内容逻辑:亚里士多德的观点→伽利略的观点、笛卡儿的观点→牛顿第一定律→惯性和质量。可以用下面的框架图3-27表示知识逻辑结构。

其中伽利略的研究、牛顿第一定律的理解是重点,关于"质量是惯性的唯一量度"是学生理解的难点。学生的前概念认知中,总是将速度大小与惯性大小相联系,因为速度大的物体往往需要发生较大的位移才能停下来,所以学生不好理解惯性量度的唯一性。

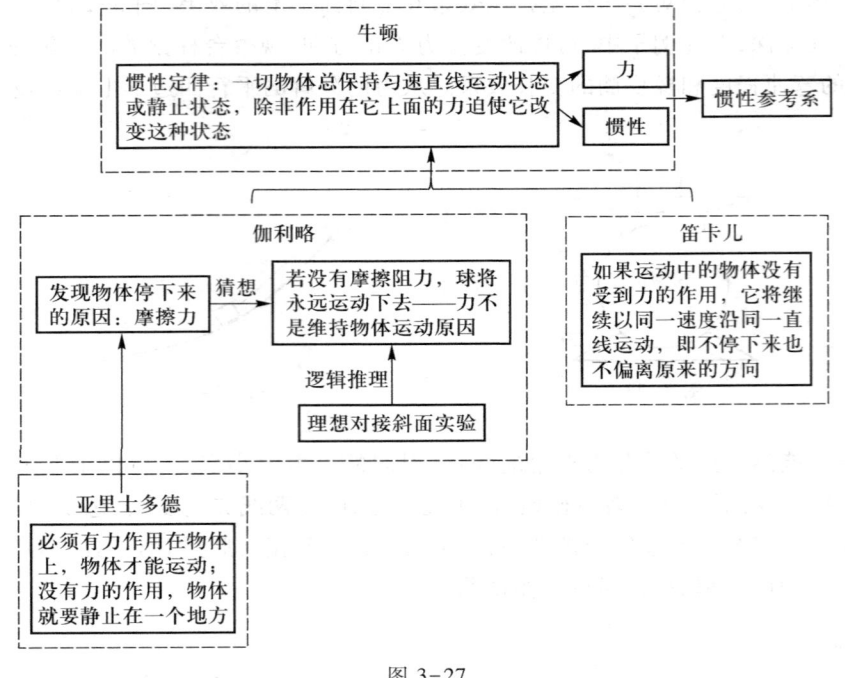

图 3-27

教学建议

(1) 指导学生自己阅读课本,自己找出并标记几个历史人物关于力和运动的主要观点。

注意不要简单的褒贬,而是恰当评价各自历史地位。通过这部分要说明清楚力和运动的观点:物体运动不需要"维持"。物体运动状态的改变需要外力。

要渗透物理学方法论的教育:观察实验、科学推理、精确描述、实践检验。

关于亚里士多德的运动的解读,不能简单地把经典力学的概念如力、重量、运动等强加到亚里士多德头上;如:亚里士多德说"推一个物体的力不再去推它时,原来运动的物体便归于静止",于是这句话便被解读为:运动需要力来维持,并被加以批评甚至被嘲讽——这是不可取的。在做不到准确、完整的解读"亚里士多德及其运动观点"的情况下,只是陈述一些事实即可。亚里士多德断言,每个物体都有一个"天然处所",寻找"天然处所"的目的和趋势支配着各个物体的天然运动,如重物下落、烟焰腾空等,他认为"合乎自然的运动是内在的实现,不需要外力作用来维持"。而一切非天然的运动,则只能在别的物体的强迫下才可发生。如人推车,车动等,"推一个物体的力不再去推它时,原来运动的物体便归于静止",这里的运动即是"受迫运动",这里的"力"指的是"推、拉、提、拽"等作用。另外亚里士多德可能没有认识到摩擦也是同推、拉、提一样是一种作用。

伽利略关于力和运动的研究是伽利略科学研究方法的再一次完美展示。完整了解伽利略的研究,让学生在领略科学方法的同时,感受大师的魅力。

伽利略实在是一个伟大的科学家,他第一个意识到摩擦力、空气阻力等也是与推、拉、提一样的作用。并推理:若没有摩擦、空气、水等的阻力,物体将永远运动下去。关于这一点,伽利略的推理也是有严密逻辑的:如图 3-28 所示,当一个球沿斜面向下运动时,它的速度增大,而向上运动时,速度减小。他由此猜想:当球沿水平面运动时,它的速度应该不增不减。但是实际情况却是,即使沿水平面运动,球也越来越慢,最后停下来。伽利略认为,这是摩擦阻力作用的结果,因为他同样还观察到,表面越光滑,球便会运动得越远。于是,他推断:若没有摩擦阻力,球将永远运动下去。关于力和运动关系的观点:"任何速度一旦施加给一个运动着的物体,只要除去加速或减速的外因,此速度就可保持不变。"同时,伽利略又说道,"不过这是只能在水平面上发生的一种情形"。伽利略通过对接斜面的理想

图 3-28

实验,否定了运动需要推、拉等作用来维持的旧观念,开始认识到物体的惯性性质,向着最终发现并完整表达惯性定律跨了一大步。

当然伽利略的观点中也有局限性:① 他指的匀速运动是指沿着与地心等距的水平面的运动,因此他的惯性带有"圆惯性"的烙印。② 伽利略把重力看作物体内在的属性,把它排除在外力之列。

笛卡儿纠正了伽利略惯性原理中"圆惯性"的错误,第一个对惯性定律作了正确的表述,笛卡儿提出"如果物体处于运动之中,那么如无其他原因作用的话,它将继续以同一速度,在同一直线上运动,既不停下,也不偏离原来的方向"。

牛顿的惯性定律直接继承了笛卡儿的这一发现。

(2) 实验研究

演示使物体停下来的原因:摩擦力的存在(图 3-29)。

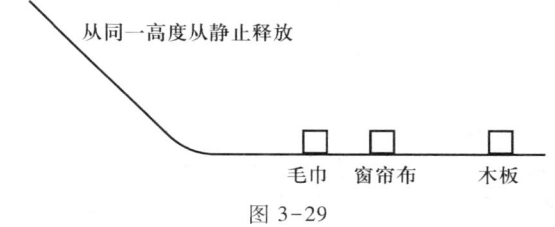

图 3-29

演示伽利略的对接斜面实验(图 3-30):自制伽利略对接斜面实验演示器——铝制很长的窗帘轨道。

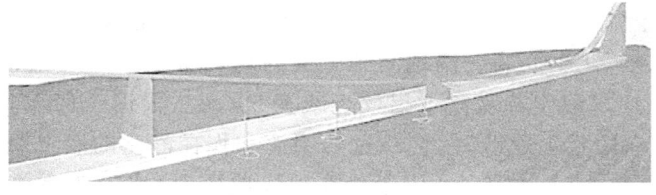

图 3-30

演示惯性的实验和实例:

棋子上下叠放在一起,打出底层棋子或快速抽出纸条;

小车遇到障碍物,木块向前倾倒;

将大小相同、不同质量的小球用纸包起来,让学生在不直接接触的情况下,判断两个小球的质量和大小等。

(3) 牛顿第一定律和惯性

牛顿在陈述第一定律前的定义中,明确定义了"惯性"这一概念,他指出:"惯性是一种起抵抗作用的能力,它存在于每一个物体当中",这种抵抗作用的能力,"使之保持其现有状态,或者静止,或是匀速直线运动"。显然,这里所说的抵抗作用的能力,是指对外界改变物体运动状态的作用的抵抗能力。

因此,惯性是物体固有的属性,不论是否受力都具有的性质。当物体没有受外力作用时,静者恒静,动者恒做匀速直线运动,是物体惯性的表现;当物体受到外力作用时,物体的惯性表现为对外界作用的"抵抗性"(此即牛顿说的"抵抗能力"的含义)。这种"抵抗性"在牛顿第二定律中将得到进一步的定量的阐明。

(4) 牛顿第一定律和惯性参考系[①]

谈到物体的静止或处于匀速直线运动,一定要指明参考系,否则,对任意一个物体,不管它是否受力,都可以找到一个参考系,在此参考系中,该物体是静止的或作匀速直线运动。因此牛顿第一定律除了描述不受外力的自由运动之外,还定义了惯性参考系:在这种参考系中观察一个不受力作用的物体将保持静止或匀速直线运动状态不变。而惯性定律在其中不成立的参考系称为非惯性参考系。所以惯性定律是动力学的出发点,不首先确定惯性系,就无法正确地表述其他定律,因此,惯性定律应当看作是一条独立的定律,不能认为是合外力为零时牛顿第二定律的一个特例。

如果针对某种精确程度的要求选得了一个相对准确的惯性,则一切相对于这个惯性系做匀速直线运动的参考系就都是惯性系。得出结论"力学定律在所有惯性系中都相同""在一个惯性系内部所做的任何力学实验都不能确定该系统的匀速直线运动(即不能确定这个参考系相对于其他参考系是在静止或是在运动,认及若是运动的话,相对速度有多大)。"这个结论叫做力学相对性原理,也叫伽利略相对性原理。

地心参考系不是惯性,但地球相于太阳参考体系的向心加速度很小,约 6×10^{-3} m·s^{-2},不到地球上重力加速度的 1/1 000,所以地心参考系可以近似地当作惯性系看待。

地面参考系是坐标轴固定在地面上的参考系。由于地球绕地轴自转,所以地面参考系也不是惯性系,但由于地面上各处相对于地心参考系的向心加速度最大不超过 3.40×10^{-2} m·s^{-2}(在赤道上),所以地面参考系也可以近似地当作惯性系看待。

附:伽利略在描绘一个封闭船舱内所发生的现象时写道:"把你和一些朋友关在一条大船甲板下的主舱里,再让你们带几只苍蝇、蝴蝶和其他小飞虫,舱内放一只大水碗,其中放几条鱼。然后挂上一个水瓶,让水一滴一滴地滴到下面的宽口瓶里。"他写道:在这里(只要船的运动是等速的),你在一切现象中都观察不出丝毫改变,也无法根据任何现象来判断船在运动还是停在原地——当你在船板上跳跃时,你跳过的距离和你在静止的船上跳过的距离完全相同;也就是说,当你向船尾跳去时,并不会(由于船在很快地运动)比向船头跳去时跳得更远,虽然当你跳起在空中时,你下面的船板正在向着相反的方向奔驰;而且,你若要把一件东西抛给你

---

① 向义和.大学物理导论(上册).北京:清华大学出版社,2002:69.

的朋友,如果你的朋友靠近船头而你靠近船尾,你也不会比你俩调换位置后做同样的事,费更大的力气;从挂在天花板上的装水杯子中洒出的水滴,会竖直地落在船板上,而没有任何一滴水偏向船尾,虽然水滴尚在空中时船正向前进。苍蝇继续飞来飞去,在各个方向毫无不同;它们绝不会聚向船尾,为追逐疾驶的船而疲于奔命。伽利略发现的是一个相对原理:在一个封闭的系统中,不论进行怎样的力学实验,都不能判断一个惯性系是处于静止状态或是在作匀速直线运动。

(5)牛顿第一定律和力

牛顿在陈述第一定律前的定义中明确提出:力是对物体的作用,使物体改变静止或匀速直线运动状态。这就对力的概念给出了定性的、科学的定义。其要点之一是力的起源:力是物体对物体的作用(牛顿第三定律进一步揭示物体间力的相互作用性质和规律),力是存在于这种作用过程之中的;其要点之二是,力作用的效果:是使受力物体的运动状态发生变化,即产生加速度。

科学定义"力"的概念,是牛顿在"运动定律研究"超过伽利略的重要方面之一。

(6)牛顿第一定律能否被实验验证?

答案:否。因为毕竟不受力的情景是不存在的。但是我们凭什么相信它?这就是伽利略逻辑推理的力量,当然逻辑推理一定是建立在实验基础上的——对接斜面。

(7)学生的问题

学生问:质量是惯性的唯一量度。"唯一"如何理解?可以从这几个方面说明:① 惯性与力无关;② 惯性与物体大小形状无关;③ 实验说明:吹乒乓球、吹小铁球难易不同,反映了惯性不同。

学生问:在疾驰的车里,为什么飞虫不会撞到车窗上?答:如果车是匀速的,车内空气也是具有车的速度,飞虫静止在车里时,相对空气也静止,飞起来的时候,相对车和空气即是正常的飞行,所以不会撞到车窗上。如果车从零逐渐加速,则空气会随之逐渐加速,会带动里面的飞虫逐渐加速。

(8)课本"问题与练习"不可简单留为作业,要逐一认真在课堂展开讨论。课后再用自己的话简明阐述清楚。

7. 探究加速度与力、质量的关系

教材分析

本节实验原理难、实验操作复杂、实验数据处理要求高,但是由于本实验是牛顿第二定律的基础,而且做好本实验对于学生实验能力、探究能力都是特别大的提升,所以教学中要舍得花时间讲清原理,同时让学生亲自探究、真探究。

教材中的教学逻辑:从牛顿第一定律和生活实验实例提出问题:加速度与质量和力有什么定量关系→探究前要思考的问题:如何让一个物体做匀变速直线运动;如何测加速度、力和质量;如何根据测出的数据研究三者的关系→实验方案设计→实验实施→数据处理→实验初步结论。

本实验的原理、操作、实验数据处理都是重点,也是难点。这跟学生的自身实验能力、探究能力有关,也是本实验的难度决定的。所以花时间引导学生读书、提出问题、积极讨论是有效化解这个难点的方法。

教学建议

(1)教学中,要做好传统半定量实验,如图3-31和图3-32所示,这是我们进一步探究的

基础。

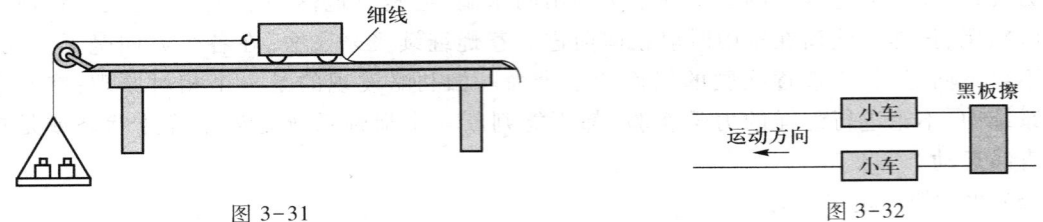

图 3-31　　　　　　　　　　　　图 3-32

（2）关于学生实验的原理的教学是难点，建议要引导学生自己看书。

比如教材中写道："小车放在木板上，后面固定一条纸带，纸带穿过打点计时器。把木板的一侧垫高，以补偿打点计时器对小车的阻力及其他阻力：调节木板的倾斜度，使小车在不受牵引时能拖动纸带沿木板匀速运动。"学生在阅读时，会不太懂为什么这样做，甚至会觉得，不平衡摩擦，只要测出摩擦也能计算合力。这里首先要肯定学生的想法，同时向学生解释清楚这样操作的好处——补偿小车的阻力后，则不用再测阻力，只需要测出绳子拉力即得到小车的合外力，容易控制。

教材中还写道："测出盘和重物的总重量，它近似等于小车运动时所受的拉力。通过打点计时器测出小车运动的加速度。在小车中增减重物以改变小车的质量。"这一段学生也是难以理解的，要向学生指出，这一点在以后的学习中会给予证明的。

（3）仪器装置和实验操作、记录数据等各环节要注意细节。如打点计时器的位置和固定；纸带的固定方法；砝码落地处垫个纸板，防止砸坏地面；器材用毕复原位，关闭电源等。

（4）本实验成功的保障：教师指导讲解清楚、精炼；学生操作时间要充裕。

（5）实验数据的处理。

教学中，建议利用电脑 Excel 处理数据。大部分学生不理解为什么不用下图直接处理数据得出物理量关系，可以利用 Excel 作出相似的幂函数图像让学生体会（图 3-33 和图 3-34）。

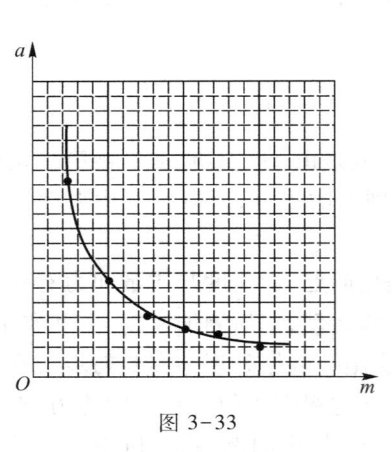

图 3-33

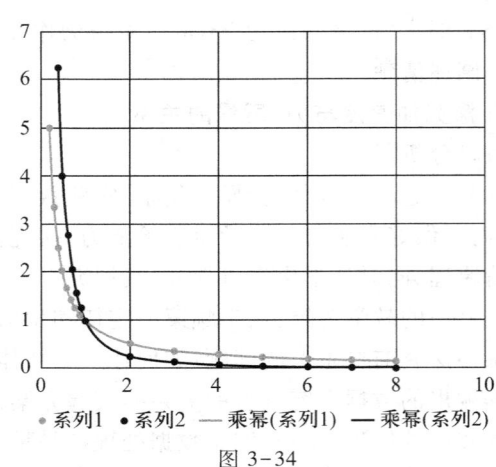

图 3-34

8. 牛顿第二定律

教材分析

本节内容是在上节课实验的基础上，通过分析说明，提出牛顿第二定律的具体内容表述，得出牛顿第二定律的数学表达式。

本节课要求：学生能准确地表述牛顿第二定律，能理清其中的因果逻辑关系；能运用牛顿第二定律分析和处理简单的问题。重点还是放在对于牛顿第二定律的理解和应用上。

教学建议

（1）等式的确定。比例系数怎样才能化为"1"？恰当地规定有关物理量的单位，可以使 k 变为 1。

规定：使 1 kg 物体产生 $1 \text{ m} \cdot \text{s}^{-2}$ 的加速度的力为一个单位的力，称为 1 牛顿（N）。

根据 m 一定，a 和 F 成正比：

$a/(\text{m} \cdot \text{s}^{-2})$	F/N	m/kg
1	1	1
2	2	1
3	3	1
…	…	…

同理 F 一定，a 和 m 成反比。即可得出 $a = \dfrac{F}{m}$ 的表达式，关键是单位配套。

（2）书上例题讲解时要注意：

画图 $\begin{cases} 分阶段 \\ 运动状态和过程标示 \\ 受力标示 \end{cases}$

（3）通过例题讲解正交分解法，让学生体会到这其实是把矢量合成的几何方法转化为代数运算——其实就是解析几何的方法。

（4）拓展知识

牛顿第二定律确立力、质量和加速度三者之间的定量关系，而牛顿第一定律中不涉及到力和质量的定量量度。于是在严格的理性审视面前，又一次出现了这样的困境：牛顿第二定律把两个未经定量定义的量——力和质量联系起来。那么，牛顿第二定律究竟是定律呢还是力和质量的定义？

解决这个问题的方法一是：回避这个问题，把牛顿第二定律作为实验定律，不追究力和质量的量度，或假定力和质量的定量量度在实验中已经解决；方法二是认为力、质量是尚未定量定义的量，第二定律所涉及的三个量中有两个未经定义，因此在逻辑上是混乱的，为了改变这种情况，应按一定的操作程序确定力和质量的量度，然后再通过实验建立三者的定量的关系。

力的量度：由于第一定律已出指出力的作用是改变物体的运动状态，故只能根据运动状态的改变情况（加速度）来量度力的大小。选择一个标准物体，对这个物体规定或定义：加于标准物体的力与这个物体的加速度成正比，即：$F \propto a$（对标准物体），这是规定。再规定使标准物体产生的某个加速度 a_0 需要的力称为一个单位力，由此当标准物体的加速度为 a 时，作用于其上的力的定义为

$F = \dfrac{a}{a_0}$（单位力）。进而，我们选择一个能对物体施力并同时留下痕迹的物体，如弹簧，对标准

物体施力,并测出标准物体的加速度,同时记下弹簧的形变程度。于是,弹簧一定的形变,对应标准物体一定的加速度,按上式,对应一定大小的力。如此,得到一个测力计。这里,我们不需要对弹簧的变形程度与力的大小之间的关系作任何期望或假定。至此,我们得到一个弹簧测力计。

然后根据这个测力计对任一物体做实验,验证这个测力计测得的力,是否对任一物体产生的加速度都能保持 $a \propto F$(对任一物体),这是实验定律。

质量的量度:质量这个概念是牛顿引进物理学的。在《原理》中,第一条定义就是:物质的量就是被确定为比例于其密度和体积的物质本身的量度。在牛顿的著作中,物质的量和质量是同义的。牛顿说:"质量与重量成正比,牛顿的万有引力定律中的质量与运动定律中的质量没有加以区分",牛顿的质量概念是含混的。

在 19 世纪中期,以马赫为代表的一批物理学家,才认真讨论了质量的概念,"物质的量"才被建立在实验操作基础上的"惯性质量"和"引力质量"所取代。

在牛顿第二定律中,质量是物体惯性大小的量度,称为惯性质量。

规定:各物体的质量和它们在同样大小的外加力作用下所获得的加速度的大小写成反比,即 $m \propto \dfrac{1}{a}$(在一定力的作用下)。这样,若以一定的作用于两个不同的物体上,且将其中一个物体定为标准物体,规定它的质量 m_0 为质量单位,那么在测出这两个物体的加速度的值 a_0 和 a,根据上式得 $\dfrac{m}{m_0} = \dfrac{a_0}{a}$,就可以确定另一个物体的质量 m,这样就从原则上得到了质量的一种量度方法。

需要从实验上证明:这种量度方法得到的质量是否在任意外力作用下也能得到 $a \propto \dfrac{1}{m}$。

惯性质量和引力质量:利用动力学方法得到的质量是惯性质量;万有引力定律中指出的两物体间相互作用的万有引力与两物体质量的乘积成正比。显然,这个定律中出现的质量联系到物体的引力性质,是物体引力性质大小的量度,因而称为引力质量。

精确的实验表明:同一物体的这两种质量严格地成比例,所以只要适当选取单位,二者在数值上就相等,就没有必要加以区分。这个结论最早是由牛顿本人得出的。

在地面上同一地点,一切物体下落的加速度都相同,就是惯性质量与引力质量成正比的最简单的证明。事实上,根据万有引力定律,地面上任一物体所受的重力为 $W = G\dfrac{mm_{引}}{r^2}$,而根据牛顿第二定律 $W = m_{惯}g$,两式得到:$g = G\dfrac{m}{r^2}\dfrac{m_{引}}{m_{惯}}$,若惯性质量与引力质量成正比,即 $\dfrac{m_{引}}{m_{惯}} = $ 常数,则可知,物体的重力加速度应与物体的质量无关,即在同一地点一切物体下落的加速度都应相同。可见,根据这种实验方法,证明同一物体的惯性质量与引力质量成正比,就是要求用实验去测定在同一地点一切物体的重力加速度都相同。最早,牛顿曾用单摆设计了验证这个结论的精度较高的实验。

惯性质量和引力质量区分开后,周期公式为 $T = 2\pi\sqrt{\dfrac{m_{引}}{m_{惯}}\dfrac{l}{g}}$,当假定 $m_{惯} = m_{引}$ 时,才能得到我们熟悉的单摆周期公式。牛顿将摆球做成薄球壳的样子,在这空球壳中分别放进仔细称量过的重量都相同(从而引力质量都相同)的不同物质。因此,在所有这些情况下,当摆动角度相同时作用在摆球上的力都相同。当在球壳内以一种物质代替另一种物质时,加速运动的任何差别只能由惯性质量差别造成的。这种差别会在摆的周期变化上反映出来。但牛顿发现,在所有这些情况下的摆的周期都相同,从而表明这些引力质量都相同的物质的惯性质量也相同。因此他断定一般地存在 $m_{惯} \propto m_{引}$。

9. 牛顿第三定律

教材分析

牛顿第三定律揭示了自然界中作用力的性质,是一条描述力的相互作用性质的定律。从这一定律可以直接导出在物理学中具有普适性的动量守恒定律。或者可以反过来说,牛顿第三定律是用力的语言表述的动量守恒定律。事实上,牛顿正是通过分析惠更斯、笛卡儿等人对碰撞问题的研究得到的动量守恒定律,而得到他的第三定律的。牛顿在《原理》中把他的第三定律表述如下:"每一种作用都有一个相等的反作用;或者,两个物体间的相互作用总是相等的,而且指向相反。"

通过本节课学生能知道两个物体间的作用总是相互的,作用力和反作用力的说法也是相对的;能通过实验、实例分析,归纳总结一对作用力和反作用力之间的在小、方向等关系;能准确表述牛顿第三定律,并能运用定律定性分析说明相关具体实例。

本节教学重点在于作用力与反作用力的关系的探究,难点在于对于牛顿第三定律的深入理解,包括作用力与反作用力的性质相同、作用的同时性的认识。

教学建议

(1)用大量的展示实例,让学生分析看到了什么?说明了什么问题?归纳出两点:力是物体间相互作用;相互作用的两个物体互为施力物体和受力物体。实例选择时,可以考虑各种性质力的展示。

(2)注意牛顿第三定律的适用范围:力学定律。对于点电荷间、磁极间相互作用虽然也可演示,但不可无限推广为"普遍规律"。比如,不平行的两个通电导线间相互作用,电流、磁极间的相互作用,往往不遵守"牛顿第三定律"。

(3)具体问题的分析:鸡蛋碰石头、手打人、马拉车。让学生区分作用力与反作用力的对称性,作用力和反作用力的作用效果不一定对称。

10. 单位制　基本单位和导出单位　量纲

教材分析

物理量是通过描述自然规律的方程式或定义而相互联系的。为制定单位制和引入量纲的概念。通过常把某些量作为互相独立的物理量作为基本量,并为每个基本量规定一个基本单位,其他物理量的单位则可按照它们与基本量之间的关系式(定义或定律)导出来,这些物理量就叫做导出量,导出量的单位都是基本单位的组合,称为导出单位。如长度就是基本物理量,长度的单位如米、厘米、毫米等都是基本单位。

目前国际通用的单位制是国际单位制(System of International Units),简称 SI。SI 中长度的基本单位是米。

教学建议

(1)引导学生通过阅读书本,理解相关知识;

(2)学生难点在于:基本单位和 SI 中的基本单位的区别,要举例说明。比如长度的单位,米、厘米、毫米、千米都是基本单位,但在国际单位制中,规定"米"是基本单位。

(3) 举例说明力学中的物理量是如何根据其定义被推出和确定的,如速度、功、功率、加速度等。

(4) 拓展知识:量纲的概念在物理学中很重要。由于只有量纲相同的项才能进行相加、相减和用等号相联接,所以它的一个简单而重要的应用就是检验公式的正确性。规范的量纲表示法:在 SI 中以 L、M、T 表示长度、质量和时间三个基本量的量纲,一个力学量 Q 的量纲可以表示为量纲积:

$$[Q] = L^p M^q T^r$$

该式称为力学量 Q 在 SI 中的量纲式,式中的 p、q、r 称为量纲指数。以力 F 为例,它的量纲可以表示为

$$[F] = MLT^{-2}$$

当然,我们不要求课上如此进行教学,作为高中生,了解即可。

11. 用牛顿定律解决问题(一)

教材分析

本节通过实例展示牛顿运动定律解决实际问题的一般方法。包括解题过程中的一些数学方法等。

本节重点在于通过实例分析,让学生能初步了解动力学思想,理解正交分解法,并学习正交分解法的规范。难点在于,物体在斜面上运动时的动力学的分析。因为这对于初学者来说,熟悉需要一个过程。另外,由于初中三角函数知识要求不高,所以造成了学生学习这部分知识的困难。

教学建议

(1) 从受力确定运动状况和从运动情况确定受力:选择例题注意涉及从水平、竖直到斜面三种基本类型。

(2) 解题基本程序和注意事项:

i) 受力分析一定要取隔离法:受力是指研究对象所受的力,而不是它对别人施加的力,研究对象所受各外力的合力,才决定了它运动状态的变化;

ii) 要对研究对象进行运动性质、状态、过程的分析,学会画运动情况的示意图(和受力图一样重要);

iii) 规定正方向(建立坐标系):列运动方程和动力学方程都注意运算符(加减)和表示方向的(正负)符号区别;

iv) 习题不必过早分类过细,过死,还是要具体问题具体分析,掌握方法和程序。习题的类型、一类问题的共性归纳、各项注意事项都应让学生在实践的基础上,多次重复巩固慢慢体会出来,不可先由老师灌输要点,只让学生如法炮制。

上述条文罗列,要放在最后复习课上,而且由学生自己总结归纳出来才好。

(3) 正交分解法基本规范:

质量为 2 kg 的物体在与斜面平行的拉力 F 的作用下由静止开始沿斜面向上运动,前进 16 m 速度达到 16 m·s^{-1},已知物体与斜面间的摩擦因数 $\mu=0.25$,斜面倾角 $\theta=37°$,求拉力 F 的大小。(g 取 10 m·s^{-2}。)

解：上升 $s=16$ m，速度达到 $v=16$ m·s^{-1}，则由 $v^2=2as$

物体的加速度 $a=\dfrac{v^2}{2s}=\dfrac{16^2}{2\times 16}$ m·s^{-2}

对物体受力如图 3-35 所示，由牛顿运动定律

$$x: F-F_f-mg\sin\theta=ma$$
$$y: F_N-mg\cos\theta=0$$
$$F_f=\mu F_N$$

解得

$$F=\mu mg\cos\theta+mg\sin\theta+ma=32\text{ N}$$

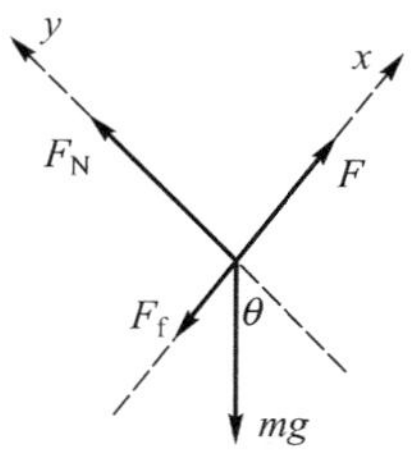

图 3-35

12. 用牛顿定律解决问题（二）

教材分析

本节涉及的知识包括物体的平衡、超重和失重问题，它们都属于牛顿运动定律的应用。教材中是将这两部分知识都当成例题来处理的，从实际授课来说，这两部分内容可以考虑分成两个课时完成。

共点力的平衡的内容结构：平衡状态→平衡条件→平衡条件的应用。

超重和失重的内容结构：实例→定义超重失重现象→分析超重失重的条件→完全失重。

教学重点：共点力的平衡条件和正交分解法应用于共点力的平衡；超重失重现象的分析和判断；难点在于三力平衡时的矢量三角形法和完全失重实验现象的解释。

教学建议

（1）共点力的平衡

平衡状态：物体 $a=0$。注意区分"瞬时静止"不一定是平衡状态。如竖直上抛的物体到达最高点时，虽然 $v=0$，但是合力不为 0，加速度 $a=g$。

（2）平衡条件的背景知识：刚体一般平衡条件：$\sum F=0$，$\sum M=0$（对任意转轴）必须同时满足。而对于共点力来说，只要满足 $\sum F=0$，则 $\sum M$ 自动满足。

（3）三力平衡的研究方法

例：如图 3-36 所示，物体沿斜面匀速下滑，斜面倾角为 θ。求物体与斜面间的动摩擦因数。

解：物体受力如图 3-36 所示，因为匀速，所以三力首尾顺次连接构成如图三角形。

由几何关系可知

$$F_N=mg\cos\theta,\ F_f=mg\sin\theta$$

得物体与斜面间动摩擦因数为

$$\mu=\tan\theta$$

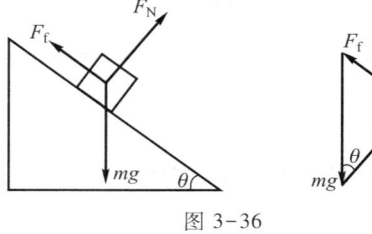

图 3-36

（4）超重和失重

首先启发学生回忆生活中的感受：一脚踩空的感觉、坐过山车、游乐场中的跳楼机、电梯启动时的感觉。

可演示的实验：通过在电梯升降时台秤和弹簧秤的读数变化，引入超重和失重现象。实验演示完全失重现象：将装水的瓶子扎几个孔，让水流出，自由释放瓶子，观察现象，引导学生分析"水

不流出"的原因;再将水瓶竖直向上抛出、平抛和斜抛,观察其现象,并解释其中原因(图3-37)。

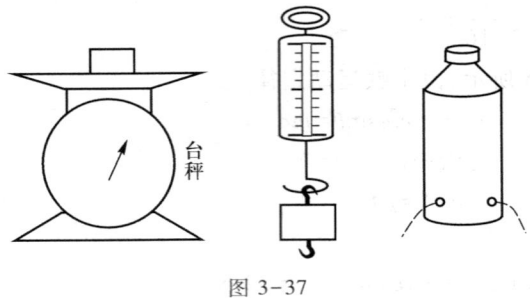

图 3-37

第四节 "曲线运动"章节教材分析

一、本章教材概述

本章实际上是运动学和动力学知识在曲线运动上的具体应用,也是运动学和动力学知识的进一步拓展和延伸。在整个力学体系中的地位如下图所示。

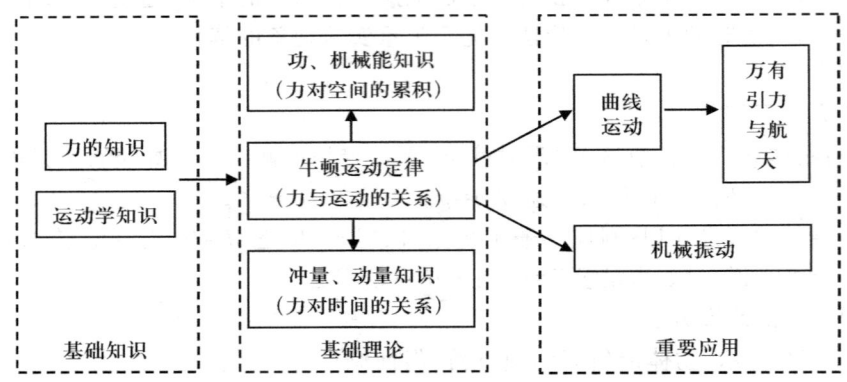

从运动的分类来说,前面学习的都是直线运动的相关知识,包括匀速直线运动、匀变速直线运动,这一章学习的是曲线运动,包括以平抛为代表的匀变速曲线运动和以圆周为代表的非匀速圆周运动。

本单的主要内容逻辑结构如下:

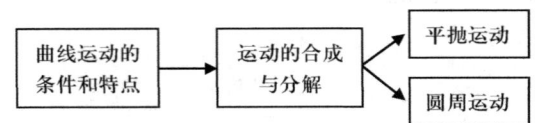

第一单元包括曲线运动的条件和特点、运动的合成与分解,这部分内容是研究曲线运动的基础,运动合成与分解是研究曲线运动的主要方法。第二单元包括平抛运动和研究平抛运动的实验,这部分是本章的重点内容。第三单元包括圆周运动的运动学知识、动力学特点,是本章的重要内容,也是下一章"万有引力与航天"的应用基础。

在课程标准中对这章的要求是:
(1) 会用运动合成与分解的方法分析抛体运动。
(2) 会描述匀速圆周运动。知道向心加速度。
(3) 能用牛顿第二定律分析匀速圆周运动的向心力。分析生活和生产中的离心现象。
(4) 关注抛体运动和圆周运动的规律与日常生活的联系。

本章教学上的特点:

1. 注重科学方法的教育。如本章有几个"从特殊情景到一般结论"的科学方法研究,比如在曲线运动的方向、匀速圆周运动的加速度方向的知识讲解过程中遵循这样的顺序:从实例分析入手→方向的可能性判断→更加一般的情景分析+理论分析→结论——体现了科学在猜测、分析与验证的过程中前进。

2. 注重概念的深入理解,保持前后知识的连续性。例如速度概念的教学,从直线运动中的速度,到曲线运动中的速度概念,是一个逐步深入理解的过程:匀速运动的快慢→变速直线运动的快慢:瞬时速度→曲线运动的速度→平抛运动的速度→圆周运动的线速度。加速度也是如此:匀变速直线运动的加速度→变速直线运动的加速度→匀变速曲线运动的加速度→非匀变速曲线运动的加速度。

3. 矢量要求更高。在前面几章,从同一直线上的矢量运算方法,到力的合成、分解遵循矢量运算法则:平行四边形法则。学生们已经对于矢量有了一定的认识,在这一章继续学习曲线运动的速度、加速度,加深学生对矢量的认识。

4. 解决问题时强调规范化的方法。在物理学中,不同的问题有不同的特点,解决起来要遵从不同的程序,也就是说有不同的规范,这也是科学方法的问题。如通过对平抛运动的学习,我们学会了解决这类问题的一般性方法:两个方向上的受力→两个方向上的运动方程→两个方向上的位置与时间的关系→平面中的运动轨迹(消去 t)→平面中速度的大小和方向(勾股定理、三角函数)……

5. 应用广泛。曲线运动是比直线运动更加常见的运动,所以学习这一章时,我们要注重从生活中选取例子进行分析,这对提高学生学习兴趣、培养学生应用物理知识和解决实际能力都是非常有益的。

本章教学的重难点分析:

重点:曲线运动的速度方向、质点做曲线运动的条件、平抛运动的规律、描述圆周运动的物理量、圆周运动的动力学关系等是本章的教学重点。在教学中注重对以往知识的深入理解,注重与生活联系,通过学生熟悉的实例分析,加强对重点内容的理解。

难点:本章的主要难点在于向心加速度的大小和方向的理解。因为一是涉及矢量的差,二是用到极限的思想,这对于现阶段的学生的理解能力、数学能力都提出了较高要求。对于较好层次的学生可以通过逐渐分析 Δv 的方法,减小理解的台阶,降低难度。在推导时,可以经历从已知入手,然后一步一步分析的方法、再结合由结论反推的综合方法,得到结论。

二、教学建议

本章教学建议如下:
(1) 重视方法的规范化教学。平抛运动、圆周运动的研究方法是有代表性的,所以方法的规范化教学在课堂上要充分重视,在课下要注意训练落实。

(2)重视实例的分析。生活中随处可见曲线运动,所以从身边选举实例分析,会增加学生学习兴趣,能体现学物理、用物理的思想。

(3)重视科学方法的介绍。比如极限思想的应用、分析向心加速度时的分析法、和综合法的应用、归纳的方法得出结论等等。

具体章节的教材分析及建议:

1. 曲线运动

教材分析

本节是整章教学的知识基础,学生已经学习过直线运动,学习曲线运动时要了解它与直线运动的显著区别:速度方向不断在变化。要研究曲线运动,还要明确由于位移矢量方向不断变化,需要采用平面直线坐标系。本节主要学习四件事:曲线运动的概念、曲线运动速度的方向、物体做曲线运动的条件、曲线运动的一般研究方法。主要的知识结构如图:

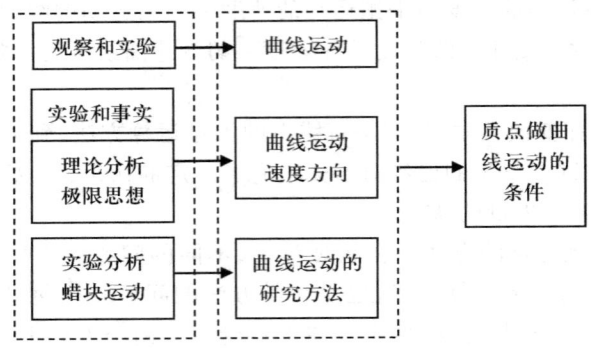

教学建议

教学中,建议多采用归纳的方法。先用各种手段(演示图片、让学生讨论举例体验……)展示现象、事实、图景,在此基础上用归纳的方法得出结论,再通过实际事例进行证。

(1)曲线运动速度的方向的教学。可以采取以下的逻辑:

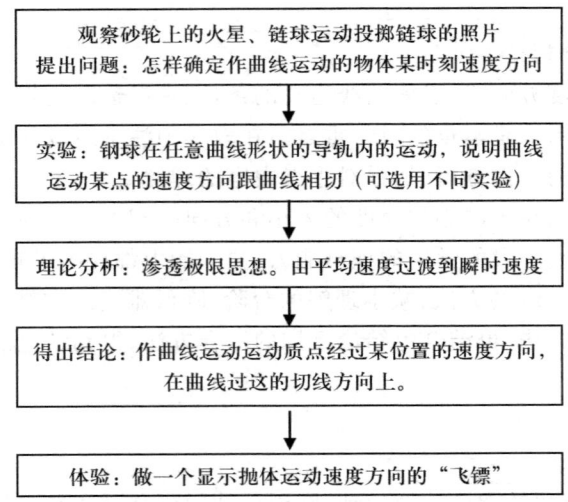

（2）物体做曲线运动的条件

通过演示和让学生举出生活、体育中、交通中、机械中多种例子，总结归纳出结论。渗透一种认识：曲线运动速度大小可能变化，速度方向肯定发生变化。曲线运动是变速运动，就是具有加速度。加速度和速度方向不在一条直线上，所以物体作曲线运动。而物体所受合外力的方向与它的速度方向不在同一直线上，才是发生曲线运动的原因。这为以后学习向心加速度和向心力预设一些准备。

（3）运动描述的实例

这部分内容在以往教材中被称为"运动的合成与分解"，而在现行一些教材中却将这部分知识删除了，其中原因，可以参见《物理通报》2012年第11期，"对运动的合成与分解的理解与教学建议"（作者：王运淼）。

教学中，要注意指导学生在自己认真阅读课本的基础上，推导蜡块的合位移与合速度的表达式。注意，不要执著于数学计算，一定要让学生脑子里形成鲜明清晰的实际图景：两个匀速直线运动的合运动是什么样的轨迹和速度。如果物体在相互垂直的两个方向上，分别作匀速直线运动和匀加速直线运动，合运动是什么样的轨迹和速度，在此基础上，能用自己的语言确切表达。

从这个实例出发，得出平面曲线运动的一般研究方法，应用于抛体运动，展示了质点在平面内运动时解决问题的规范化的方法，教学层次如下：[①]

① 以红蜡块的运动为例，按下面的步骤介绍普遍性的方法。

- 坐标与时间的关系：$x = v_x t, y = v_y t$
- 轨迹：消去 t，得到 $y = \dfrac{v_y}{v_x} x$
- 速度的大小和方向：$v = \sqrt{v_x^2 + v_y^2}$，$\tan\theta = \dfrac{v_y}{v_x}$

红蜡块问题是由分速度求合速度及轨迹；接下来的是下面的例题，要由速度求它在互相垂直的两个方向上的分速度。

② 例题：已知飞机起飞时的速度和仰角，求它在水平方向和竖直方向的分速度。

通过①和②要让学生悟出一个道理：物体在平面上的运动可以在相互垂直的方向上分别研究（或者相反）。

③ 把这个道理应用于平抛运动

水平方向：力 $F = 0$，初速度 $v_0 = v$，由此可以得到抛体在 x 方向的位移 $x = vt$。

竖直方向：力 $F =$ 重力，加速度 $= g$，初速度 $v_0 = 0$，所以抛体在 y 方向的位移是 $y = \dfrac{1}{2}gt^2$。

有了 x、y 两个方向的坐标与时间的关系之后，仿照红蜡块问题的程序，可以得出抛体轨迹的表达式及速度的大小、速度的方向。

④ 如果抛出时的速度不沿水平方向，那么……

学生按这个思路学习，不仅得到了平抛运动的几个结论，而且学会了解决这类问题的一般性

---

① 张大昌.从物理课程看科学研究.试教通讯：高中物理专辑（二），2007（3）.

方法:

两个方向上的受力
↓
两个方向上的运动方程
↓
两个方向上的位置与时间的关系
↓
平面中的运动轨迹(消去 t)
↓
平面中速度的大小和方向(勾股定理、三角函数)……

这个研究方法在上一章"牛顿运动定律"的学习中已经体会到:已知物体受力情况而想知道它的运动情况时,要先对物体所受的力进行分析,然后应用牛顿定律得到物体的加速度,进而根据运动学的规律得到物体的速度、位置随时间变化的规律。在研究抛体运动时,我们的思路完全相同……

2. 平抛运动

教材分析

抛体运动是自然界最常见的运动形式。抛体运动的学习是在上一节学习了曲线运动的研究方法基础之上,应用规范研究平面内物体运动的实例,同时也是后续学习的基础,如带电粒子电场中的运动。

教材中的内容结构如下

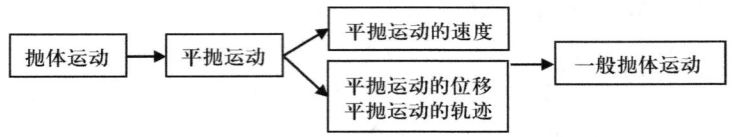

其中平抛运动两个分运动的特点、平抛运动的规律是教学重点。

教学建议

关于本节课的实验,要充分利用现代多媒体技术进行展示,如以前用平抛竖落仪演示平抛运动的竖直方向分运动是自由落体运动,这是靠听声音来判断,其实这显然是不可靠的,我们可以利用手机慢动作功能拍摄视频,亲眼看到平抛运动的物体与同一高度自由下落的物体同时落地的事实。

关于轨迹的推导和速度的推导,完全可以由学生通过自己研究、交流分享、阅读书本获得,注意引导学生不能只记抽象符号公式,时时记得不能脱离形象图景和语言表述。

飞机投弹是一个典型的问题,值得分析。如图 3-38 所示,飞机在一定高度匀速飞行,每隔相等时间间隔释放一个炸弹。不能简单地计算落地时间和提前距离,要把整个图景分解展示,并有系列地思考问题。

可提出问题:
- 一枚炸弹的运动特征、轨迹如何?
- 多枚炸弹离开飞机后,地面观察者看到它们怎样排列?飞机上的观察者看它们怎样排列?
- 既然它们都作平抛运动,为什么它们不排列在一条抛物线上,而在一条直线上?

- 它们落地的情况如何？（时间、地点、间隔距离等）
- 先下落的炸弹相对后下落炸弹的运动情况如何？

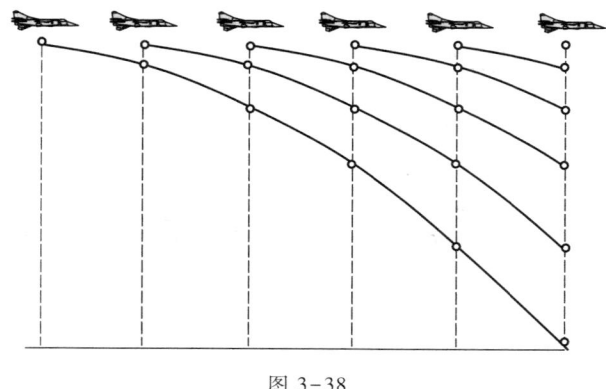

图 3-38

3. 圆周运动

教材分析

本节内容主要叙述了什么是匀速圆周运动，以及描述匀速圆周运动的线速度、角速度、周期等概念，研究了线速度与角速度的关系。基本内容结构为：大量实物、图片→归纳什么是圆周运动→如何描述圆周运动的快慢→线速度、角速度、周期、转速及物理量之间的关系→匀速圆周运动。

教学建议

（1）要通过大量的实物、图片，由学生自己观察体验归纳什么是圆周运动，即物体或质点的运动轨迹是圆或圆的一部分。特别注意在各例子中，轨迹圆在哪儿？圆心在哪儿？

（2）如何描述圆周运动的快慢？

展示一些图景引起讨论

- 地球绕太阳 1 s 走 29.79 km，月球绕地球 1 s 走 1.02 km；
- 地球绕太阳 365 天绕一圈，月球绕地球 28 天绕一圈；
- 图片：引发讨论"运动的快慢"和"绕圆心转动的快慢"，体会区别（图 3-39）。

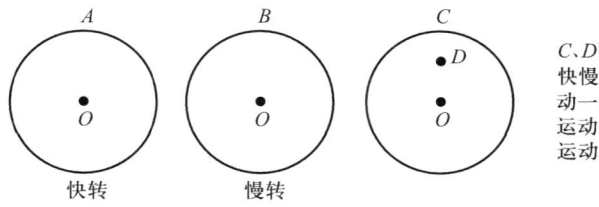

图 3-39

- 同学充分讨论可归纳四种描述：单位时间走的弧长、单位时间内半径转过的角度、转一周所用的时间、单位时间所转过圈数。

（3）线速度：可以用如图 3-40 所示装置分析圆周运动物体的线速度。

通过不同转速下获得的纸带,进行比较,思考:纸带上相邻的点之间的距离不一样,这说明了什么问题?随转盘转动的物体的运动能否通过纸带上的点反映出来?引导学生用比值定义得出线速度的概念。

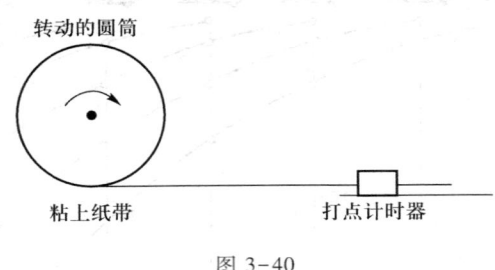

图 3-40

(4)角速度
- 角速度也有"平均角速度"和"瞬时角速度"之分;
- 角速度也是矢量,但中学不研究它们的方向规定;

(5)传动问题:多用自行车等常见机械上的零部件装置为例。

4. 向心加速度

教材分析

目前有两种处理方式,一是把它放在向心力之后;另一个就是放在向心力之前。前者,是运用牛顿第二定律,"从力推知加速度"的思路,这种叙述的好处是降低了教学的难度,用"迂回"的方法避开难点,使学生能掌握向心加速度的大小和方向。后者需要用到极限的思想,理解起来有一定的难度,但是后者更符合人们对物体运动的研究,即从描述运动开始,到动力学分析。两种方式均可,视老师自己的理解。人教版教材在本节的思路是:

如果物体不受力,它将作匀速直线运动→圆周运动不是直线运动,沿圆周运动的物体一定受力→匀速圆周运动,受的力是什么方向→考虑实例:地球绕太阳、地球受到力的方向;细绳拉着小球在光滑水平面上作圆周运动,小球所受合力的方向→匀速圆周运动物体所受的合力指向圆心→物体的加速度也指向圆心→直接给出向心加速度的两种表达式。

教学建议

关于向心加速度方向的理解,是本节的难点,针对能力强的同学,向心加速度大小的推导也是可以介绍的。基本思路如下:

(1)结合数学向量的知识,确定一段时间内速度变化量在图中矢量表示方法,如图 3-41。

(2)利用几何关系,由三角形相似,得出 $\dfrac{\Delta v}{v} = \dfrac{AB}{R}$。

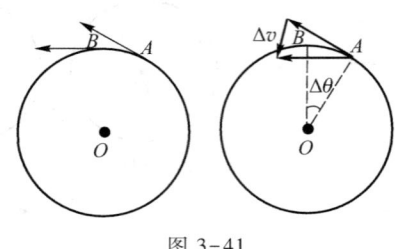

图 3-41

(3)我们研究的是瞬时加速度,所以令 $\Delta t \to 0$,$\Delta \theta \to 0$,所以 Δv 的方向越来越趋近于垂直于 v_A,而 v_A 沿切线方向,所以 Δv 趋近于沿半径方向指圆心,所以称为向心加速度。

(4)当 $\Delta t \to 0$ 时,$\dfrac{\Delta v}{v} = \dfrac{AB}{R} = \dfrac{v\Delta t}{R}$,所以得到 $a_n = \dfrac{\Delta v}{\Delta t} = \dfrac{v^2}{R}$。

5. 向心力

教材分析

本节教材内容结构如下：

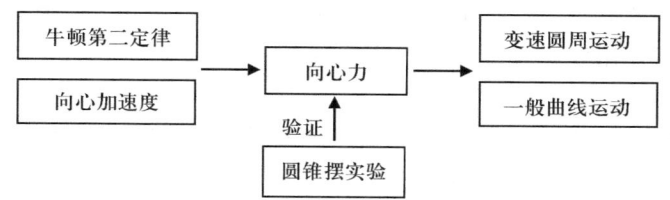

难点在于在变速圆周运动中，向心力公式依然适用，这一点是难以理解的，其原因还是在于向心力推导过程的理解。

教学建议

（1）本节内容遵循的思路是：先理论分析，再进行实验验证的顺序。根据牛顿第二定律，可以得出作匀速圆周运动的物体受到的合外力的方向和大小，即向心力的方向和大小。同时要指出：圆周运动的力和运动关系，遵守的仍然是牛顿运动定律。

（2）实验探究：利用圆锥摆验证向心力公式，这个实验可设计为学生实验，有条件的学校，还可以演示向心力演示仪。

介绍清楚装置构造，通过缓慢转动，由相同时间内转动的圈数比，得到两边转盘的角速度之比、转盘的半径之比（图3-42）；

演示：控制变量法。

（3）实例分析，向心力由谁提供。

弹力：水平桌面上，绳拉着小球转动；向心力演示仪中的小球的向心力；

摩擦力：由摩擦力提供向心力，是学生最难懂的例子。可以通过正向说明：即假设光滑，如图3-43，若从上方俯视，则物体所在圆盘的A点依然做圆周运动，物体沿切线作匀速直线运动，经过一段时间，物体相对于A点位移为AB，若经过时间稍微短一点，物体相对于A现在的位置A'点的位移为$A'B'$，如果时间再短……当时间趋近于0时，则物体相对于A的位移是沿半径向外，所以物体相对圆盘具有向外的运动趋势，即受到指向圆心的摩擦力。

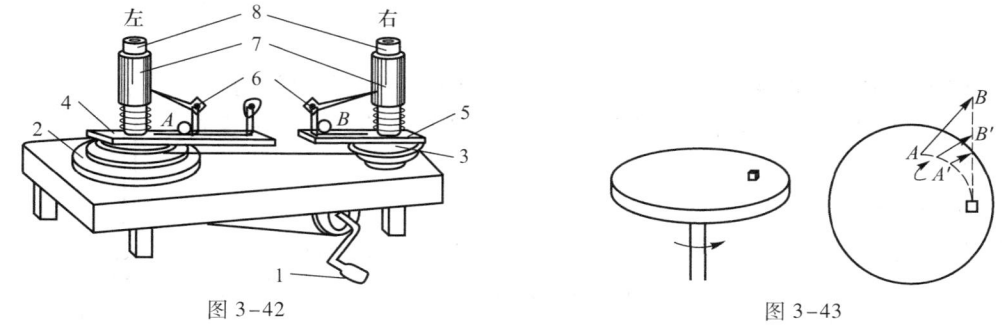

图3-42　　　　　　　　　图3-43

也可以通过实例分析，让学生感受到摩擦力的方向，如公交车拐弯。乘客的脚随车拐弯（作圆周运动），而身体由于惯性要照直前进。所以在车上看，人的身体总是要向外侧倾倒。脚为什么能随车拐弯？静摩擦力作为向心力,脚底打滑则不行。车为什么能拐弯？也是地面给它的摩擦力做向心力。地面结冰,路面日久磨光都是造成事故的原因。

（4）总结:圆周运动的分析关键还是那几步：把"确定研究对象,进行受力分析"等一套步骤说法具体化为"确定研究物体,确定圆轨迹,找圆心,进行受力分析,各力分别由谁提供要落实。合力指向圆心,起什么作用要弄清,"然后再着手解题。

（5）关于一般曲线运动的分析

这部分内容的目的,是要学生在更一般、更广阔的背景下认识圆周运动和曲线运动。要把握好难度,这种化曲为圆的方法,要求学生有很好的空间想象能力和极限思想,要求比较高。

6. 生活中的圆周运动

教材分析

本节是圆周运动的应用课,内容丰富。教材中的每个例子都来源于生活,很有代表性：包括水平面的匀速圆周运动实例——铁路的弯道；竖直面的圆运动——拱形桥和凹形桥；航天器绕地球的圆周运动——航天器中的失重现象；离心现象等。

本节的重点在于分析这些实例的基本思想：即先分析物体所受的力,然后列出动力学方程,求解。难点在于实际情景的模型化处理,以及离心运动的动力学特征。

教学建议

（1）铁路的弯道,直接进行教学会遇到较多困难,建议按如下方案和顺序,整合教材。

- 锥摆；
- 飞车走壁（漏斗）；
- 汽车拐弯：平地拐弯,静摩擦力提供向心力；由于惯性,汽车有离心向外的趋势,所以出现拐弯时打滑和飘移等现象,所以在很多公路的弯道处,路面外高内低,同时有限速。
- 火车拐弯,以教具,图片展示轮缘,铁轨形状。

这样的安排既可以分散难点,又可使学生对各种不同情况下的同一本质模型,有更清晰的认识。

（2）拱形桥

- 建议先研究凹桥,后研究凸桥,更便于学习；
- 建议配合教具演示；
- 让学生回忆自己骑车和坐车的体验：经过土坑洼地和经过路面鼓包的地方时的感觉,这其实就是曲线运动中的超重失重。

（3）航天器中的失重现象的研究,在凸桥问题分析之后,顺理成章很容易理解,联系在直线运动中研究过的超重失重现象,理解这些其实都是相同的物理规律。

（4）离心运动

离心运动是惯性的一种表现。要引导学生从动力学角度分析产生离心运动的原因,并能举例说明。可以演示实验：如图3-44,通过一根笔管,下端连接钩码,另一端连接一个小球,小球质量小于钩码质量,转动小球,随着转速增大,钩码逐渐上升,由学生分析原因。

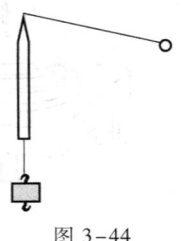

图 3-44

第五节 "万有引力与航天"章节教材分析

一、本章教材概述

从力学体系来看,本章是应用牛顿运动定律对曲线运动的研究。牛顿运用运动定律和他发明的微积分,研究了天体运动,并结合开普勒行星定律建立了伟大的万有引力定律。本章内容逻辑结构如下:

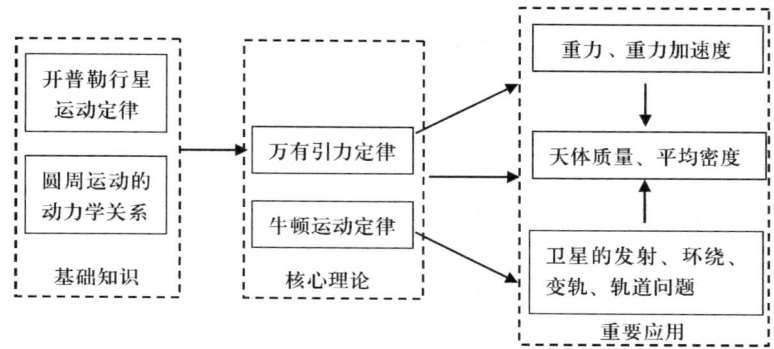

第一单元包括开普勒行星运动定律、万有引力定律的发现。其中牛顿发现万有引力定律的过程是重点内容。第二单元包括万有引力理论的成就和宇宙航行,具体内容是天体质量、平均密度的计算,以及卫星的发射、环绕、变轨、轨道问题。第三单元是经典力学的局限性,其实是整个牛顿运动定律知识及应用的总结。

在课程标准中对这章的要求是:

(1) 通过有关事实了解万有引力定律的发现过程,知道万有引力定律,认识发现万有引力定律的重要意义,体会科学定律对人类探索未知世界的作用。

(2) 会计算人造地球卫星的环绕速度,知道第二宇宙速度和第三宇宙速度。

(3) 初步了解经典时空观和相对论时空观,知道相对论对人类认识世界的影响。

(4) 初步了解微观世界中的量子化现象,知道宏观物体和微观粒子的能量变化特点,体会量子论的建立深化了人类对于物质世界的认识。

(5) 通过实例,了解经典力学的发展历程和伟大成就,体会经典力学创立的价值与意义,认识经典力学的实用范围和局限性。

(6) 体会科学研究方法对人们认识自然的重要作用。举例说明物理学的进展对于自然科学的促进作用。

本章教学上的特点:

1. 注重物理学史,展示科学发现的过程,阐述科学方法。本章内容是学习科学发展史,学习科学方法,培养科学精神的好教材。

2. 注重知识的应用,内容与现代生活、社会联系紧密。人们往往觉得万有引力似乎跟现实生活、人类社会难有联系。航天活动是一项高精尖的事业,与自己的距离较远,但是,航天正在改变着我们的日常生活和社会,在教材中也列举了许多航天与我们日常生活相关的事例,从气象卫星到天气预报、卫星定位系统到自动导航的汽车等。

3. 涉及天体情景复杂,对学生空间想象能力要求较高。

4. 涉及的物理量非常多,公式、结论较多。学生能记下一些结论,但是对于结论的适用条件及推导过程却不重视,造成知识掌握不准确,应用错误。

本章教学的重难点分析:

重点:万有引力定律的发现过程、万有引力定律内容和应用是本章的重点。学生往往比较看重后者,不注重定律的发现过程,这是长期学习习惯导致的,所以要舍得花时间带着学生读书,搞清楚牛顿发现万有引力定律的过程和逻辑。

难点:本章的主要难点是天体情景的建立,毕竟天体运动的尺度远大于我们身边的物体运动,所以如何让学生构建有效物理情景,将相关知识与情景相结合,是本章应该着力解决的问题。

二、教学建议

本章教学建议如下:

(1) 教学中历史资料和联系实际应用的资料要尽量丰富,老师要多浏览、多参考、多选择,有些工作可以由学生来做;

(2) 本章数学推导演算多,习题多,难度大,要区别对待。把最基础、最核心的东西落实,然后才是量力而行的拓展、提高等要求。

(3) 调动一切手段:图片、视频、理论分析,帮助学生建立鲜明的天体运动情景,能够做到一遇到万有引力问题,脑子里第一反应是有关的图景。如果能用这些图景来思考,而不是总是从公式、结论出发,就达到了最好的教学效果。

具体章节的教材分析及建议:

1. 行星的运动

教材分析

本节内容是万有引力定律的学习的基础。知识容易少、要求低,但包含的科学史料十分丰富,其中包括日心说、地心说的了解;第谷的观察、开普勒的研究,行星的运动规律等。

教学建议

(1) 应掌握较充足的科学史资料,理清思路。回顾人类对行星运动规律的认识过程中,追寻科学家的足迹,体会他们的科学方法和执著精神。尤其是开普勒的研究,他对行星运动模型的建立、修正与发展,是培养学生科学思想方法和物理建模的极好材料。同时,可以结合开普勒在极其拮据的生活压力下,也从没放弃自己对科学的追求,感受科学家的执著精神和精神财富,开普勒的墓志铭让人震撼:"我曾测量天空,现在测量幽冥。灵魂飞向天国,肉体安息土中。"

(2) 探究开普勒行星运动定律的内容及其物理意义。开普勒三个行星运动定律是一个整体,它对行星运动规律的描述从定性到定量的过程,第一定律是其他两个定律的基础,第二定律其实就是自然界普遍适用的守恒定律之一角动量守恒。开普勒三个行星运动定律同样适用于卫星绕行星的运动。

教学中,应有较多的图片、动画、教具展示相关图景,要让三定律在学生的脑子里留下具体的图景形象,而不仅仅是供背诵的文字。

2. 万有引力定律及发现过程

教材分析

这一部分内容是本章的重点。从行星运动定律到万有引力定律的发现,是极好的科学探究过程教育素材。在发现万有引力过程中,牛顿的创造性工作是设想行星与太阳之间的引力跟地球与月球、地球与地面物体之间的相互作用力是同一种力,并且证明了这一点。不但如此,他还把这种力推广至一切物体之间。其中的发现线索是这样的:

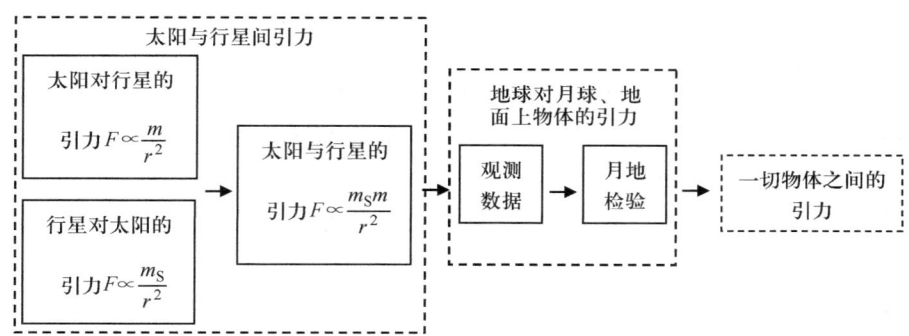

其中在每一步推导中,都是科学方法的应用,有严谨的理论推导,也有科学家大胆的猜想和推广,无不闪现着人类的智慧。

教学建议

这部分内容,可以按照以下顺序展开。

(1) 提出问题:回忆复现开普勒三定律的内容,提出继续探究研究的问题:行星为什么如此稳定而和谐地绕着太阳运动?

(2) 综述历史上开普勒、伽利略、笛卡儿、胡克等科学家的猜想、假想和研究成果。

(3) 牛顿的研究:在前人研究的基础上,以超凡的数学和物理方面的天才和能力,建立了他的运动定律体系。

简化模型:行星轨道按照"圆"来处理。

演绎与推理:

根据牛顿第二定律和开普勒定律进行推理,得出太阳对行星的引力与行星质量成正比,与行星和太阳间距离的平方成反比,即 $F \propto \dfrac{m}{r^2}$。

根据太阳与行星间相互作用的角度来看,两者的地位是相同的,得出行星对太阳的引力与太阳质量成正比,即 $F \propto \dfrac{m_S}{r^2}$。

至此,得到太阳与行星间引力 $F \propto \dfrac{m_S m}{r^2}$。

猜想:"天上"的力与"人间"的力可能出于同一源。

月地检验:证明地球对月球、地球对面上的物体的引力也是与距离平方成反比的关系。"天上"的力与"人间"的力是遵从相同的规律。

牛顿的设想和图示:如果我们水平抛出一个苹果,它将沿一弯曲的路径落回地面。你把苹果抛得越快,它落地之前会走得越远。如果你把它抛得足够快,它可以走过地球表面的大部分,甚至永远落不下来(配合动画展示)。

法国诗人和哲学家瓦莱里曾说:"当每个人都认为月亮不往下掉的时候,只有牛顿这样的人才看到月亮正在往下掉。"

牛顿的天才思考把天上的力和地上的力统一起来了。

大胆推广:自然界中任何两个物体之间都存在这种与距离平方成反比的力,即万有引力。

牛顿在《自然哲学的数学原理》中写道:"如果由实验和天文学观测普通显示出地球周围一切天体被地球重力的吸引,并且其重力与它们各自含有的物质之量成正比,则月球同样按照物质之量被地球所吸引。另一方面,它显示出,我们的海洋被月球的重力所吸引,并且一切行星相互被得力所吸引,彗星同样被太阳的重力所吸引。由于这个,我们必须普遍地认为,一切物体,不论是什么,都被赋予了相互引力的原理。"

引导学生认真阅读课本,按照科学家的思路开始发现之旅。

(4)引力常量的测量、卡文迪许的贡献

卡文迪许实验设计巧妙,是一个典型的转化思想、放大方法在实验中的应用:力→力矩→扭转偏角→光标位移,解决了微小力的测量。又应用放大原理:T型架增大力矩(增大力臂);小镜子反射光路增大偏角;拉开小镜子与光标尺间距离,有效地提高了测量精度。在八九十年内无人超越。

卡文迪许扭秤实验是在 1798 年做的,用到了石英丝,小镜子。而库仑扭秤实验是在 1785 年,较早,用银丝,无小镜子。二者实验仪器虽有相似构想,但具体探究的目的、装置构件和构成都不相同。

3. 万有引力理论的成就

教材分析

本节教学要求学生体会万有引力定律经受实践的检验,取得了很大的成功;理解万有引力理论的巨大作用和价值,对它在科学史上所产生的重大影响是无论怎样估计也是不过分的。本节内容逻辑结构如下:

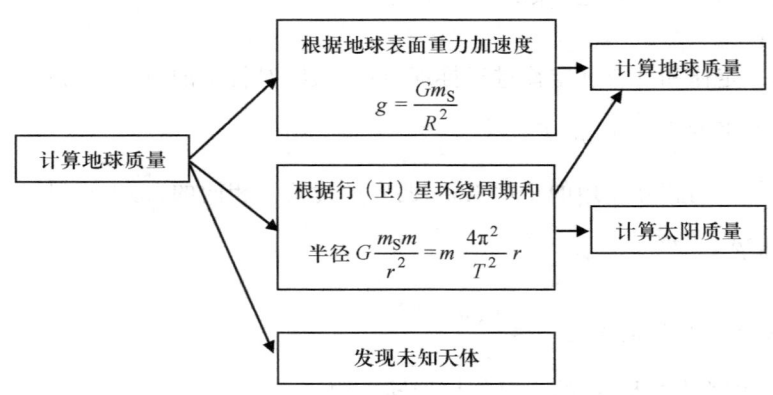

教学建议

(1)从"称量地球质量"、"计算天体质量"、"发现未知天体"体会科学的力量和魅力,美妙而又神奇。

（2）要介绍 $g=\dfrac{Gm_s}{R^2}$ 的由来。以前有一种说法：重力是万有引力的一个分量，而现在的研究表明，这种说法是有问题的，相关的说法有很多文章介绍，这里就不一一介绍，但是我们可以这样认为，万有引力可以看作大小等于重力和向心力的合力，或者将万有引力沿重力和向心力方向分解之后，得到的分力大小等于重力和向心力。要用数据告诉学生地球自转是可以忽略的，在赤道处，物体随地球自转的向心加速度约为重力加速度的千分之三，所以在很多计算中，我们可以忽略地球自转，得到在地球表面重力大小约等于万有引力。

4. 宇宙航行

教材分析

本节属于航天部分的重要知识，介绍万有引力的实践性成就，包括内容：

卫星的发射（三个宇宙速度，重点是理解第一宇宙速度）→卫星的环绕规律→卫星的轨道→卫星的变轨。

所以这些的研究都是建立在牛顿运动定律与万有引力定律在圆周运动基础之上的。

教学建议

本节内容重在卫星环绕的情景的建立。

（1）卫星的发射，要让学生能理解牛顿在《自然哲学的数学原理》里设想。要有动画，一步步演示。仔细观察体会图 3-45。

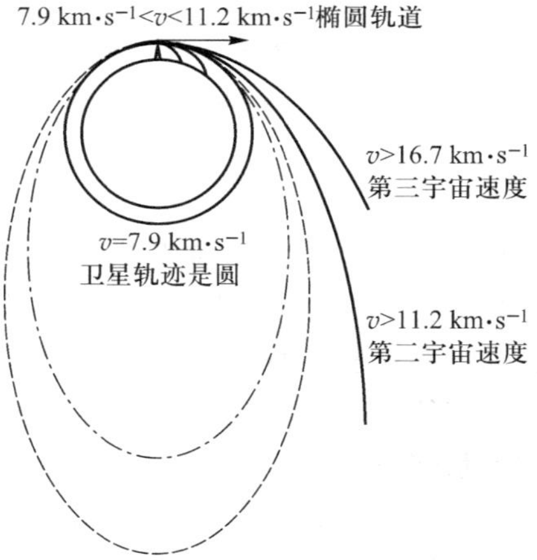

● 从地球表面某一高度处，将物体平抛出去。v 越大，x 越大，抛得越远。

● 初速度 v 达到 $7.9\ \mathrm{km\cdot s^{-1}}$，重力完全充当卫星的向心力，物体虽然不断"下落"，但却落不到地面上，而是绕地球旋转起来，成为在近地轨道上运行的卫星。

● 速度 v 再增大，卫星将被"甩出"，而做离心运动。离地球越来越远，却越来越慢。最后终于未能逃脱，又被拽了回来，轨道变成椭圆。

● v 越大，椭圆越扁越长。并且在轨道上运行速度是变化的。近地点快，远地点慢。（联系开普勒第二定律观察思考）

● 当初速 v 达到 $11.2\ \mathrm{km\cdot s^{-1}}$，椭圆轨道被"撕开"成为抛物线。卫星将不再会被地球"拽回来"。卫星成了受太阳吸引而绕太阳运行的"小行星"了。

● 当初速 v 达到第三宇宙速度，卫星将脱离太阳系。

● 可见第一宇宙速度又是发射人造地球卫星的最小速度。

（2）人造地球卫星的运行图景：要有动画，让学生体会到离地越近，卫星转动得越快。

（3）卫星的轨道：要让学生形成以下图景（图 3-46）。

图 3-45

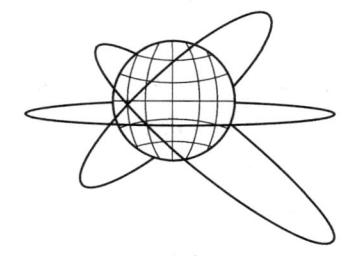

图 3-46

第六节 "机械能"章节教材分析

一、本章教材概述

本章是高中阶段物理学习的基本内容之一,也是重要内容之一。本章可视做牛顿力学的进一步展开,通过引入功和能的概念,得出有关机械能的规律,特别是机械能守恒定律,使人们对自然的认识更加深入,为解决力学问题开辟新的途径。本章的主要内容在初中已有所涉及,初中物理课本中,学习过功、功率、动能、势能、二者转化,机械能守恒;还学会力、热、电、光、化学都能做功,都具有"能",并且互相转化,遵守能量守恒定律。自然界各种形式的能转化是普遍存在的,都遵守这一普遍规律。当然初中只是简单介绍,定性理解。高中将认识更广泛的现象和图景,对概念的本质进行更深入的研究,尤其是对各概念要进行定量的精确计算,由基本于观察的粗略定性认识,逐渐提高到物理科学的高度。本章主要的知识结构如下:

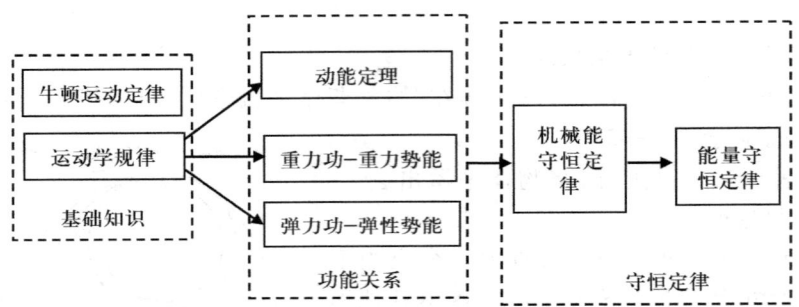

可以看得出来,本章是建立在动力学的基础上的,通过做功了解能量的变化,从而认识能量。第一单元主要是研究力做功和功率,是本章的核心。第二单元就是包括重力势能、弹性势能、动能在内的各种能量的概念和能量变化时的功能关系讨论,是本章重点。第三单元就是关于机械能守恒定律的实验和应用,这节内容与第一节追求守恒量相呼应,在此基础上,最后一节,简述了发现能量守恒定律的历史。当然,能量守恒定律的发现不是偶然的,它是人类对自然认识发展到一定阶段的产物。除了物理学外,其他学科对能量守恒定律的发现也有重要贡献,所以上述从机械能守恒定律→能量守恒定律中的箭头,并不代表后者是由前者推导出来的,只是知识在教材中呈现先后顺序的一种表现。

课程标准中要求

(1)举例说明功是能量变化的量度,理解功和功率,关心生活和生产中常见机械功率的大小及其意义。

(2)通过实验,探究恒力做功与物体动能变化的关系。理解动能和动能定理。用动能定理解释生活和生产中的现象。

(3)理解重力势能。知道重力势能的变化与重力做功的关系。

(4)通过实验,验证机械能守恒定律。理解机械能守恒定律。用机械能守恒定律分析生活和生产中的有关问题。

(5)了解自然界中存在多种形式的能量。知道能量守恒是最基本、最普遍的自然规律之一。

(6)通过能量守恒以及能量转化和转移的方向性,认识提高效率的重要性。了解能源与人类生存和社会发展的关系,知道可持续发展的重大意义。

本章教学上的特点:

1. 通过做功认识能量的思想。改变中学教学中由于应试需要,只重视动能定理的应用,不重视概念规律的理解,其实动能定理只是功能关系中的一种。当然要注意,我们通过做功了解能量的变化,从而认识能量,并不是说先有功,后有能量,其实能量的概念是在追寻守恒量的过程中建立起来的。

2. 重点非常突出,全章都是围绕着功能关系展开教学的。从各节内容来看,这一点特别突出。当然这也是我们教学中要重点突出的。

3. 抽象。本章能量概念比较抽象,所以在研究中要注意结合大量的实例分析,让学生把抽象的能量与物体的运动和实际过程联系起来。

本章教学的重难点分析:

重点:本章的重点比较多,包括:功、功率、动能、重力势能、弹性势能、机械能的概念,各种功能关系,机械能守恒定律。

难点:本章的主要难点在于正确理解这些概念、规律,比如机械能守恒定律适应条件等,以及它们之间逻辑关系。

二、教学建议

本章教学建议如下:

(1)重视基本概念的理解,基本定理规律的得出。在这一章,学生容易只关注解题,不重视基本知识的理解,这是不可取的做法。我们在课上要花大力气,帮助同学建构知识。

(2)习题教学不宜过难,通过基本题理解知识和方法。通过经典模型,加深对概念规律的理解。

具体章节的教材分析及建议:

1. 功

教材分析

功是这一章最重要的概念,就本章的知识结构来说,功是为进一步提出"能"这个更为广泛、更为重要的概念服务的。做功过程反映了能量的变化过程。因此,只有准确认识"功"这节内容在教科书中的地位,才能很好地把握教学要求和深广度。本节的主要知识内容有:

力做功的两个因素→功的计算→正功负功的物理意义→实例分析。

教学建议

对于功的理解,不是这一节课能达到的,它是贯穿于整章内容,甚至得是贯穿于整个物理的研究。

(1)由几个能量转化的图景分析:能量转化的过程,就是力做功的过程;

(2)回忆:功的初定义:力和物体在力的方向上移动的距离;高中说的是"力和物体在力的方向上发生的位移。"引导学生讨论高中提高在什么地方。

(3)在上述讨论基础上,让学生总结当力与位移有一定夹角时,如何求做功?

(4)讨论功的正负。给实例讨论,引导得出负功的物理意义。

如图 3-47 所示，$\alpha=0$，F_1 做正功；
$\alpha=90°$，F_3 不做功……

（5）外力对物体做的总功等于各力做功的代数和。通过力的平行四边形定则证明。

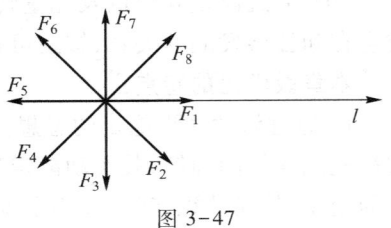

图 3-47

（6）摩擦力的功（实物演示），强调功的定义中的位移是相对于地面的位移。另外要让学生体会到，作用力与反作用力的功不一定对称。

（7）学史介绍：关于"功的概念"的建立。

17 世纪牛顿力学形成的同时就已萌芽。早期功和能量的概念是各自独立地从实验现象中形成，被越来越多的物理学家接受和提炼，直到 19 世纪中叶，这两个概念才是今天看到的形式。

时间	科学家	研究问题	结论
公元 3 世纪	斯特拉顿、阿基米德	杠杆原理	力与速度成反比
文艺复兴（15—16 世纪）	达·芬奇	虚速度原理——杠杆	杠杆两端重量和速度乘积应相等
16 世纪	斯蒂文（荷）、伽利略	机械——杠杆、滑轮组	得于力者失于速 "力×高度"
17 世纪	伯努利（法）	静力学研究	虚位移原理
19 世纪	卡诺（法）	机器的效能	重力×高度（作用矩）
1807 年	托马斯·杨（法）	自然哲学讲义	功-能量
1829 年	彭塞利（法）	技术力学	功：力和受力质点沿力的方向的位移的乘积，$2Fx=mv^2$
	科里奥利（法）	功和活力的关系	$\frac{1}{2}mv^2-\frac{1}{2}mv_0^2$ 作用力的功等于物体动能的增量
工业革命		热学研究	功和能
1880—1881 年	恩格斯	运动的量度	功是从能量的方面去看的运动形式的变化

功的发现，源于人们对于机械的研究"省力不省功"。

"本公司向贵矿提供蒸汽机，所要求的回报仅为使用此机所耗的煤比起用马完成同样的功所耗的草料节省的钱的三分之一。"这是瓦特与他的同事在 1770 年左右首次将他们的蒸汽机做成商品时在广告中的话。在与矿产主的谈判中，他们澄清了如何理解"同样的功"。他们发现，机器或马所施的力愈大，消耗的煤和草料愈多，而且在力的作用下运动的物体在力的方向上的位移也愈大。将越重的负荷从越深的地方向上提升,蒸汽机消耗的煤就愈多,但是如果不提升负荷而只是保持在原位,则不需要消耗。[①]

可以看得出来,为了比较机械和牲畜同时工作时,形成了最初的功的概念。在此后,漫长的历史中,大家不断地尝试、研究,最终得到了今天我们学习的功和能。

正如费恩曼说的,"我们为什么要计算所做的功?回答是:计算功有意义和有用处。因为作用于一个质点的合力对质点所做的功,恰好等于该质点的动能的变化。

(8) 物理学的"功"与生活中的"功"的区别。

虽然就日常语言的意义来说,这人可能"正在努力工作",但按照物理学的意义来说,他不做任何功。同样如果一个人使劲推一堵墙图 3-48,但砖墙纹丝不动,换言之,F 很大,$\cos\alpha = 1$,但 $x = 0$,则我们说,虽然推墙使我们疲劳,但我们并未因此而做了物理科学所定义的功——对物体不做功。由此可见,我们切不可把我们关于活动、成绩或疲劳的主观看法同"功"这个词迥然不同的用法混为一谈。

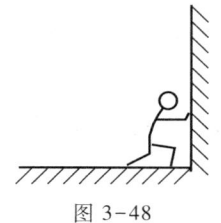

图 3-48

关于这个现象,费恩曼经过研究发现这主要是由于我们肌肉的构造不同。横纹肌(骨骼肌)和平滑肌——后者可以像桌子承重物一样,保持一种"姿势",不感觉疲劳,支撑重物最有效,如蛤蜊闭拢外壳,不费力气。前者做一个动作,神经脉冲传递信号给肌肉纤维,当信号到达时,纤维会抽搐一下,然后松弛下来。当我们拿起一个重物时,大量的神经脉冲流经到肌肉,大量的抽搐维持着重物,另一些肌肉纤维则松弛着。当疲劳时,我们开始颤抖,原因是神经脉冲流不规则地传过来,而肌肉疲劳了,反应不够快。

(9) 功的值依赖于参考系的选择。没有特殊说明,我们一般都以地面为参考系研究问题。

2. 功率

教材分析

功率是反映力做功快慢的物理量。功率的概念广泛应用于人们的日常生活和科学之中。学生在初中,已经学过功率的概念,而且还学过电功率的概念。高中要强调比值定义的思想,要区分平均功率和瞬时功率,并能说出二者的联系。本节主要内容结构如下:

给出功率定义→平均功率→瞬时功率→发动机、电动机的功率→实例分析。其中瞬时功率是本节的重点和难点

教学建议

(1) 平均功率和瞬时功率。

从初中概念学习出发,初中的功率计算式 $\overline{P} = \dfrac{W}{t}$,指出这是平均功率,如果把它与高中知识相结合,得到:$\overline{P} = \dfrac{W}{t} = \dfrac{Fx\cos\alpha}{t}$,从平均速度定义可知,力的平均功率是 $\overline{P} = \dfrac{W}{t} = \dfrac{Fx\cos\alpha}{t} = F\overline{v}\cos\alpha$,可见,相比较初中只有两种功率 Fv、0,高中的平均功率的概念也有正有负,正负代表着能量的输入或输出,以及动力或是阻力。若时间 $t \to 0$,则平均速度→瞬时速度,所以我们得到了瞬时功率。学生常见的错误,计算瞬时功率时,将 $\cos\alpha$ 漏掉。建议举两个例子,说明问题。

---

① Dede Miklos,Isza Sandor.外星人学物理.北京:人民教育出版社,2004:15.

实例1：物体沿光滑斜面下滑到底端时的重力的瞬时功率，如图3-49，已知质量为 m、高度为 h，倾角为 α。

实例2：将物体从离地 h 处，以相同的速率 v，竖直向上、竖直向下、水平抛出，比较落地前瞬间重力的瞬时功率关系。

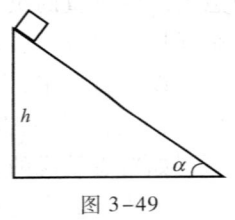

图 3-49

（2）发动机和电动机的功率。

一般地，发动机产生的牵引力与运动同向，所以 $P=F_{牵}v$。

实例1：分析汽车以恒定功率方式和恒定加速度方式启动，引导学生画出 v-t 图像分析。

实例2：汽车上坡时，为了获得更大的牵引力，司机会采取什么措施，试根据相关知识分析。

（3）对于额定功率，一种说法是"机器正常工作时的功率"。这是由初中课程中电灯等用电器的额定功率那里引申而来的，对于机器并不合适。在本书所用的例子中，某汽车发动机在平直公路上的功率只有 20 kW 左右，能说发动机的工作不正常吗？动力机械是这样，电动机等工作机械也是这样，实际功率经常小于额定功率。要注意区分几种"功率"。

3. 重力势能

教材分析

初中已经知道，重力势能是物体由于被举高而具有的能。高中的进一步研究，主要在于四个方面：一是重力势能的表达式；二是为什么能引入势能？这是本节重要内容，也是难点，学生不好理解。三是重力势能的相对性，涉及负重力势能的物理意义；四是重力势能的系统性，这一点学生不好理解，因为我们常物体具有的重力势能，并没有指出系统。

教学建议

（1）指导学生阅读书本，讨论、体会，最后得出两点认识：

① 物体运动时，重力对它做的功只与它的始末位置有关，与物体运动的路径无关；

② 功的大小等于初始 mgh_1 和终末 mgh_2 之差，功的大小等于"mgh"这个乘积的减少量。这就引出了对重力势能的定义。

与过去的处理方法相比，本书认真分析了重力做功与路径是否有关的问题。这样做的目的不是为了追求严密。严密性本身不应成为追求的对象。本书这样做，是想有助于学生形成严肃认真的科学态度。同时可以追问学生一句，如果从 A 处沿另一条路径到达 B 处，做功不同了，那么 A 处的重力势能是多少？这样的质疑，能让学生对于什么时候能引入势能有感性认识。

（2）重力势能的相对性，要有引起学生思考的图景。如，人从五楼窗台上跳下来，为何平安无事？答：向里跳进五楼的地板上。计算任一位置处物体的重力势能，由于选择不同的零势能参考平面，重力势能值不同。物体在参考平面以上，重力势能就是正值，物体在参考平面以下，重力势能就是负值。这里的负号不是表示方向，是表示大小。

重力势能的增量或变化量与零势能参考平面选择无关。

（3）重力势能属于物体和地球组成的系统。

重力是地球与物体相互吸引而引起的，如果没有地球对物体的吸引，就不会有重力做功，也就不存在重力势能，所以重力势能是这个系统的。平常所说的物体的重力势能是一种简化的说法。

4. 弹性势能

教材分析

弹性势能是在发生弹性形变时而具有势能。比如拉长的橡皮筋、压缩的弹簧。弹簧弹性势能的改变与弹簧弹力有关,但是显然弹簧弹力是变力,所以本节主要是探究变力做功问题。一是得出:弹簧弹力做功与路径无关;二是说明变力做功可以通过示功图计算得到。这一节重在体会探究的过程和利用的方法,不要求弹性势能的表达式。

教学建议

(1) 分析决定弹簧弹性势能大小的相关因素。

• 无形变,则无势能;有形变,则有弹性势能,即具有做功本领如弹簧、弓、网球拍、撑竿跳等。

• 弹性势能和哪些因素有关:实验演示。

形变大,则弹性势能大;劲度系数大,则弹性势能大。

(2) 如何研究拉力的功?

探究变力做功是本节的难点。怎样计算拉力所做的功? 这里,求和的极限的方法派上了用场……如果在学习匀变速直线运动的位移、重力做功与路径无关等课题时认真地体验过所用的方法,到这时应该能够大致得出所要的结论。可以通过类比匀变速直线运动位移时采用的方法,通过将形变过程分为很多小段,每一小段中近似拉力是不变的。而弹力做功等于图线与坐标轴转成的面积。

(3) 弹性势能的相对性:发生弹性形变的物体各部分之间,这说明弹性势能也是系统共有的。由于弹力的作用,才具有弹性势能。有形变,有弹力,才有弹性势能,所以弹性势能零点一般选为弹簧原长处。

5. 动能和动能定理

教材分析

教材中,安排了实验探究做功与速度变化的关系一节内容,这节内容前面重力势能和探究弹性势能的继续,用做功与能量的关系探索另一种能量及其表达式:动能。由于动能的问题比势能复杂些,所以本节暂不直接涉及动能,而是先研究一个与动能密切相关的物理量——速度与做功的关系。以上想法在学习本节之前要明白。在动能定理一节的内容结构如下:

创建情景,探究动能表达式→动能和动能定理→应用。

教学建议

(1) 探究动能的表达式

创设情景1:物体在光滑水平面,恒力作用下,由静止开始到具有速度 v,求外力的功。学生通过推导得出 $W=\frac{1}{2}mv^2$。

创设情景2:物体在光滑水平面,恒力作用下,速度由 v_1 变为速度 v_2,求外力的功。学生通过推导得出 $W=\frac{1}{2}mv_2^2-\frac{1}{2}mv_1^2$。

创设情景3:物体在粗糙水平面,水平恒力作用下,速度由速度 v_1 变为速度 v_2,求外力的功。学生通过推导得出 $W=\frac{1}{2}mv_2^2-\frac{1}{2}mv_1^2$。

创设情景 4：物体在变力作用下沿直线运动，速度由 v_1 变为速度 v_2，求外力的功。学生通过推导得出 $W = \frac{1}{2}mv_2^2 - \frac{1}{2}mv_1^2$——极限思想应用，变"变力为恒定"。

创设情景 5：物体作曲线运动，速度由 v_1 变为速度 v_2，求外力的功。学生通过推导得出 $W = \frac{1}{2}mv_2^2 - \frac{1}{2}mv_1^2$。

不同情景，结论一样，这说明 $\frac{1}{2}mv^2$ 是有意义的。定义为动能。

（2）动能定理的理解：动能定理是一个适用范围很广的物理规律，适用于直线、曲线运动，也适用于恒力作用和变力作用。通过举例说明。注意，要大量多举基本例子，当学生基本理解动能定理了，再考虑讲规范和复杂的问题。

动能定理的应用步骤：

明确研究对象及所研究的物理过程。

对研究对象进行受力分析，并确定各力所做的功，求出这些力的功的代数和。

求解方程、分析结果。

6. 机械能守恒定律

教材分析

初中有机械能的学习经验，会分析在一个过程中动能、重力势能和弹性势能的相互转化。高中进一步定量研究机械能，并探讨机械能守恒条件。本节的知识内容结构：

实例分析→机械能概念→机械能守恒定律→应用

教学建议

（1）动能和重力势能相互转化，动能和弹性势能互相转化，甚至动能、重力势能、弹性势能三者之间的相互转化，要有足够多的形象图景体验和感受。

让学生在实验室自己动手做：给斜面、小车、弹簧、钩码、皮筋、细线、铁架台……等器材，让学生自己设计操作，并说明哪个动作过程是哪个力做功，是哪种机械能之间的转化。学生动了脑子，可以设计出很多老师都想不到的花样。

通过讨论、归纳得出认识：通过重力或弹力做功，机械能可以由一种形式转化为另一种形式。

（2）运用已有知识，从理论上探究规律。对自由落体、抛体或沿光滑斜面下滑过程：$W_G = E_{p1} - E_{p2}$，又因为 $W_G = E_{k2} - E_{k1}$，推导得到

$$E_{p1} + E_{k1} = E_{p2} + E_{k2}$$

要让学生看书、讨论、自己导出：只有重力做功，动能和重力势能可以互相转化，而总的机械能保持不变。推广（可以证明）：只有弹力做功，……

结论：机械能守恒定律要每人都能复述，当堂落实。

（3）对机械能守恒定律成立的条件判断：（有实物、图片、视频）

自由落体、平抛、上抛、足球打门、竖直弹簧振子、是一类典型；摆、过山车、光滑斜面上物块下滑，……是有"其他力"但不做功，也可认为机械能守恒。伞兵带伞匀速下降，火箭发射匀加速上升，起重机吊着物体匀速上升，物块在斜面上匀速下滑，汽车在水平公路上匀速前进，都是机械能不守恒的例子，要仔细分析。汽车沿平直马路前进，机械能虽然看似不变，但实际上牵引力和阻

力都做功,外界化学能→车→克服摩擦阻力做功变内能。不是"只有重力、弹力做功"不能说机械能不变,即守恒。

(4) 通过简单例题体会应用机械能守恒定律解题,且考虑始末状态,不考虑过程细节,在变力、曲线等一些情况下,更为简便。

(5) 小活动:测量笔内弹簧被压缩以后的弹性势能。讨论提出方案及实施操作细节。将笔压缩,松手后,笔弹起。

因为:尺子零点不在尺端

所以:选笔尖为参考点测量笔上升高度。

操作技巧,上端以一尺水平放置,尝试几次读出笔尖上升最高处的读数。处理数据,求出结果。

另外,还可以让笔在水平桌面弹开后,滑行一段距离,从而求出笔与桌面间滑动摩擦因数。

7. 机械能守恒定律

教材分析

本节采用了不给步骤给思路,同时进行难点提示的写法。在前面的实验中,测速度时都是用两点间的平均速度代表其中某点的瞬时速度,前面没有使用这个方法,目的是使学生更多地通过实验认识瞬时速度,同时也是为了避免盲目追求精确度的倾向。在过去的教学中,这个结论是以一个习题的形式出现的,这里做了正式的证明。这也是为了给学生加深这样的印象:无论做什么事情,采用一个新的方法,必须有可靠的根据,不能草率从事。

教学建议

本实验只是研究在重物自由下落的过程中,如果不计空气阻力,重力势能的减少量等于动能的增加量。从而验证了在这一过程中机械能守恒。

(1) 实验目的、实验原理:由同学自己写。

实验器材:重锤、打点计时器、纸带、电源、直尺(30 cm 即可)。

实验步骤:要师生互动加讨论。

- 打点计时器的有关内容和纸带处理的已有知识。
- 如何通过纸带上的点求出"下落高度";怎样求这一高度的始末位置重锤的即时速度?
- 打点器固定在铁架台上,也可以固定在桌边,注意限位孔应探出桌外。
- 纸带在复写纸下面,打出的点迹才清楚。
- 先开电源、后放纸带。

(2) 实验室上课要严格管理,实验要求应规范。

(3) 原理、步骤,讲解讨论及准备工作约 20 min,学生操作和数据处理的时间约 20 min。

8. 能量守恒定律和能源

教材分析

本节内容涉及科学发展的历史和科学精神、STS、人与自然的和谐,是素质教育的绝好教材。本节分为两部分。

第一部分简述发现能量守恒定律的历史,基本思想是:能量守恒定律的发现不是偶然的,它是人类对自然认识发展到一定阶段的产物;除了物理学外,别的学科对能量守恒定律的发现也有贡献。

第二部分内容就是一个质疑的范例，它引导我们考虑能量转化和能量转移的方向性。这是本节的。过去的中学物理课程不涉及这个问题，新课程更多地与社会实际相联系，因此对能源问题做了讨论，而研究能源，从物理学的角度看自然要谈宏观过程的方向性。

教学建议

展示历史认识过程，通过多种图片展示众多科学家的贡献，通过多种图片展示永动机的设计"思路"。注意教授的逻辑次序，不要说"永动机违背了能量守恒定律，所以最后以失败告终"，应该说，各种永动机的研制都无一例外的失败，是导致能量守恒定律诞生的重要因素。

第四章

电学部分教材分析

第一节 整体分析

电学知识彼此间联系比较紧密,所以我们将它们放在一起分析。学生学习电场、电路、磁场、电磁感应等物理学的核心内容。经历一些科学探究活动,再次感受物理学的特点和研究方法,体会物理学在生活和生产中的应用以及对社会发展的影响。

一、教材分析

这部分内容是选修模块,在知识方面包括电场的概念及其描述方法、带电粒子在电场中运动、电容器、恒定电流、磁场的概念与描述方法以及带电粒子在磁场中运动等内容,还包括电磁感应现象、规律、本质和应用的讨论,交变电流、传感器等内容。

课程标准中指出"科学的研究成果及其技术应用改变了我们的生活。现代生活中处处都会遇到电的知识。对于进一步学习科学技术是非常重要的。"电磁感应现象展示了不同运动形式之间的联系,同时也为电能的大规模应用奠定了物理学的基础;交变电流是生活和生产中最常用到的电流;传感器则是生活和生产中各种测量、控制所不可缺少的元器件。学习这些内容时要同样重视它们的理论意义和实践意义。

由此可知整个电学的编写意图:

以电磁学的基本核心内容为本体,学习电磁学的基本概念,原理和规律,认识它们的理论意义和实践价值。

以电磁学的基本核心内容为载体,了解并感悟物理学研究中的科学思想方法。学习前辈物理学家探求科学真理的坚强意志、科学态度和献身的精神。

仔细分析章节次序的安排以及章节包含的内容,可以看出,这个模块的总的体系顺序与一直以来的高中教材电学体系相同——这也是电学知识体系决定的,轻易不能被打破。不同的是单独加了"传感器"一章,体现了新课标要求——课程内容体现时代性。另外,根据知识的关系,将偏向于基础内容的静电场、恒定电流、磁场放在同一个模块,而偏向于应用内容的电磁感应、交变电流、传感器放在同一个模块。这同时也符合学生的认知。

教材的知识内容如下:

第一章:全面介绍静电场的知识,包括电场的概念及其描述方法、带电粒子在电场中运动、电容器。

第二章:介绍了直流电路的概念、规律和方法,主要强调了电学实验的一些方法和电学元件的使用。

第三章:介绍磁场的描述和带电粒子在磁场中的应用,强调了磁场知识的应用。

第四章：介绍电磁感应知识，包括现象、规律、本质、应用。
第五章：结合现实生活中应用广泛的交流电，介绍交流电的简单知识，注重与实际结合。
第六章：简介传感器的相关知识。
整个电学内容结构如下：

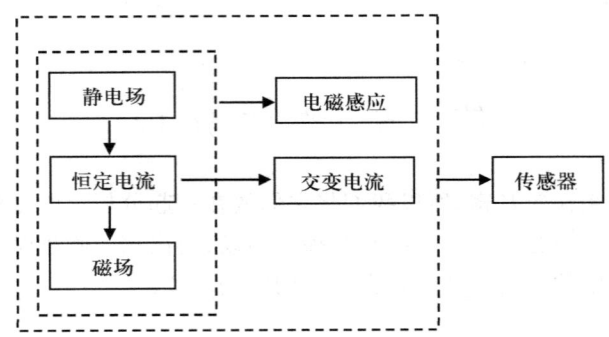

教材的能力要求如下：

1. 重视模型建立能力。

因为这两部分内容相对力学比较抽象，所以里面有很多模型的建立和情景建立。如点电荷、匀强电场、电场线等。

2. 重视实验探究。通过实验，构建电学情景。

如电容器相关因素的讨论；电子在磁场作用下的偏转，洛伦兹力演示仪；自感现象等。

3. 重视实验技能的培养。

如完整电学实验，包括电学仪器的使用，基本电学方法的应用等。

二、例说模块特点

体现科学探究的精神①

《普通高中物理课程标准（实验）》指出了教学中的科学探究的以下几个要素：提出问题、猜想与假设、设计实验和进行实验（收集证据）、分析论证、评估、交流与合作。

1. 处处都能体现探究精神

一个教学片段只要包含一两个这样的要素，这段教学就有了科学探究的精神。

【例】 测量小灯泡的伏安特性曲线（选修3-1 第48页）

这不是探究性实验，但教学中照下面这样做同样可以体现探究精神。

实验之前思考：灯丝有电阻，电流随电压变化的曲线可能是什么样的？……

实验之后思考：你在自己作出的伏安特性曲线中有什么新的发现？你怎样解释这个发现？

教师和教材中这样做，就是在鼓励学生提出问题，做出猜想假设，进行简单的分析推理，这就是探究精神。

---

① 试教通讯：高中物理专辑（一）．北京：人民教育出版社，2007：8．

2. 教学中的科学探究不一定都要做实验

教学中的科学探究大多不具备探究所有要素，甚至不一定都包括实验。

【例】 探究导体电阻与其影响因素的定量关系

分析导体电阻与它的长度的关系。

教材介绍了实验探究的方法，但同时又介绍了下述不用实验而通过逻辑分析认识导体电阻与它的长度、横截面积的关系的方法。

一条长度为 l、电阻为 R 的导体，我们可以把它看成是由 n 段长度同为 l_1、电阻同为 R_1 的导体串联而成的，这 n 段导体的材料、横截面积都相同。总长度 l 与每段长度 l_1 的关系为

$$\frac{l}{l_1} = n$$

另一方面，由串联电路的性质可知

$$R = nR_1$$

即

$$\frac{R}{R_1} = n$$

对比两式，可知

$$\frac{R}{R_1} = \frac{l}{l_1}$$

即在横截面积、材料相同的条件下，导体的电阻与长度成正比。

总之，探究的形式是多种多样的，我们反对形式主义的"科学探究"。

3. 通过前人的工作学习科学探究

科学探究不仅是一种教学方式，它还是一种教学内容，也就是说，在物理课程中学生要学习怎样进行科学探究。学生除了在探究中学习怎样进行探究外，还可以通过科学前辈们的工作学习科学探究。

【例】 热辐射和量子论（选修 3-5 第 28 页）

教材在这一节中简要回顾了历史上最早提出量子论的以下过程：

黑体辐射→经典电磁学→矛盾→普朗克假设→推理（数学）→验证

学生可以从中体会科学探究的要素、科学探究的精神。这也是科学过程与科学方法的教育。这类教学内容主要是让学生了解、体会前辈的探究过程，并不要求学生复述，也没有必要考查。

第二节 "静电场"章节教材分析

一、本章教材概述

本章是在选修 3-1 的第一章，是高中阶段电学内容的开始，这一章的内容是高中阶段基础的内容之一。在初中的基础上，从物质微观结构的角度认识物体带电的本质、电荷相互作用的基本规律，以及与静止电荷相联系的静电场的基本性质。它既是电磁学知识的基础，又是光学等其他物理学知识的重要基础。本章的内容结构如下（选自张维善先生教材分析）：

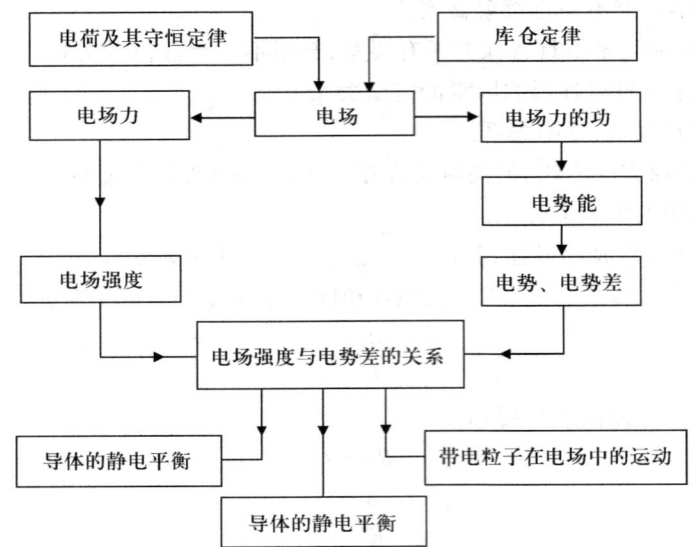

本章的核心内容是电场及描述电场特性的物理量。教科书从电荷在电场中受力入手,引入电场强度的概念,明确它是表示电场强弱的物理量。然后将静电力做功与路径无关和重力做功与路径无关,得出电荷在电场中具有由位置决定的能量——电势能。在此基础上,同引入电场强度的方法相同(比值定义法),引入电场的另一个物理量,电势。这样,通过几个相关物理概念的讨论,完成对静电场性质的初步认识。具体内容如下:

单元/课时	标题	知识结构	方法论
第一单元 2课时	§1 电荷及其守恒定律	三种起电方式;元电荷;电荷守恒定律	实验探究;理想化模型
	§2 库仑定律	实验探究;定律理解	用数学表达物理规律
第二单元 §3 2课时 §4 1课时 §5 1课时 §6 2课时	§3 电场强度	电场强度定义;点电荷电场计算;电场的叠加	比值定义;矢量法;类比;含习题课;逻辑推理
	§4 电势能和电势	从能量的观点来分析电场的性质;类比重力势能的建立	
	§5 电势差		
	§6 电势差与电场强度的关系	通过做功推导	
第三单元 §7 1课时 §8 1课时 §9 2课时	§7 静电现象的应用	在前面学习的基础上,通过核心内容的拓展和应用,如静电场现象的应用、电容器的电容、带电粒子在电场中的运动等,提高学生综合运用物理知识的能力	实验探究;逻辑推理
	§8 电容器的电容		观察、实验、比值定义
	§9 带电粒子在电场中的运动		方法迁移

课程标准中的要求

（1）了解静电现象及其在生活和生产中的应用。用原子结构和电荷守恒的知识分析静电现象。

（2）知道点电荷，体会科学研究中的理想模型方法。知道两个点电荷间相互作用规律。通过静电力与万有引力对比，体会自然规律的多样性与统一性。

（3）了解静电场，初步了解"场"是物质存在的形式之一。理解电场强度。会用电场线描述电场。

（4）知道电势能、电势，理解电势差。了解电势差与电场强度的关系。

（5）观察常见电容器的构造，了解电容器的电容。举例说明电容器在技术中的应用。

本章教学上的特点：

1. 注重电磁学与力学的紧密联系。本章处于承上启下的重要位置，尽管电磁学已经发展成为一门独立而且完整的学科，但它仍然保持着与力学的紧密联系。力、功和能量等仍然是电磁学的主要概念。力学中的一些基本概念（如力、能量）和规律，对人们认识电现象起到了非常重要的作用。

2. 新奇现象多、概念多、规律多、内容抽象。

3. 科学方法应用多，见上表格。

4. 内容结构的设计形成了较紧密的"知识链"，如图 4-1 所示。

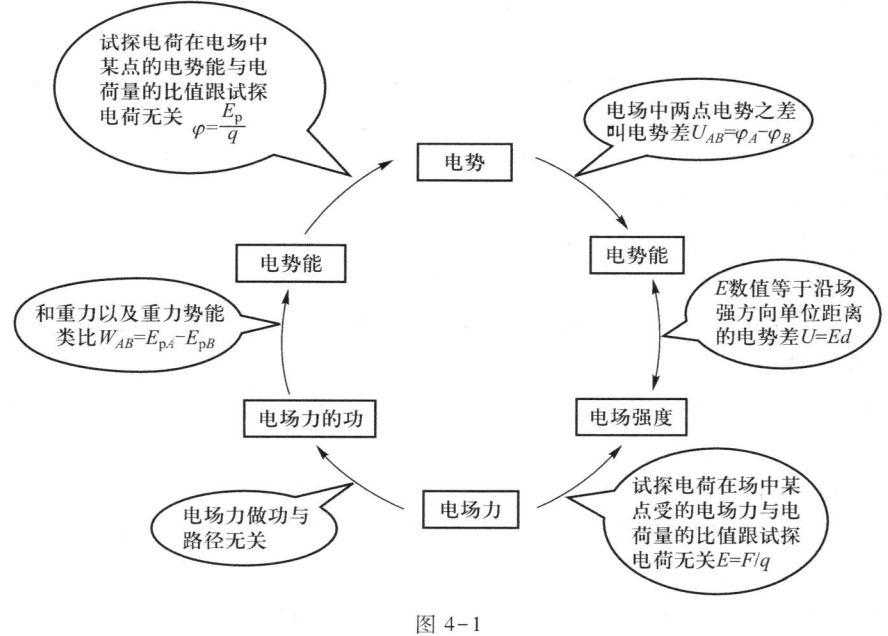

图 4-1

教学重难点分析

重点：电场强度、电势、电势差、电容的概念；电场的观念；库仑定律；带电粒子在电场中的运动是重点。

难点：电场：抽象；电势、电势差、电势能：抽象、易混淆；带电粒子电场中的运动的计算：数学计算要求高;静电平衡:抽象、动态过程复杂。

二、教学建议

本章教学建议如下:

(1) 观察思考最重要。

a) 系列实验必须做好构建电场情景;理解描述电场的概念;

b) 类比重力场,典型图景,必须牢记;

c) 多用定性分析,形象思考。排斥吸引是最基本最重要的性质。

(2) 能理解理想化模型(点电荷、匀强电场)在科学研究中的应用;能体会科学想象和抽象思维在建立物理情景中的作用(电场线、等势面)。

(3) 能将力学方法迁移到电学情景中加以应用。

具体章节的教材分析及建议:

1. 电荷及其守恒定律

教材分析

本节由电荷、电荷守恒定律、元电荷三部分内容组成。它们是本章的预备性知识。关于静电现象方面的知识,初中已有介绍,而高中更侧重从物质微观结构的角度认识物体带电的本质。主要知识结构如下:

三种起电方式→电荷守恒定律→元电荷

教学建议

(1) 关于三种起电方式,要做好演示实验,如图4-2所示:

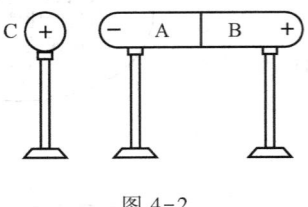

图 4-2

感应分离:把带正电荷的球 C 移近导体 A 和 B,先把 A 和 B 分开,然后再移走 C。问问学生 A、B 带不带电,带什么电?

感应接地:把带正电荷的球 C 移近导体 A 和 B,用手摸一下导体(摸 A 端,摸 B 端或摸 A、B 中间部位),然后再移走 C。问问学生 A、B 带不带电,带什么电?

教师像魔术表演一样,一步一步细致认真地演示给所有学生看,用实验现象打破学生的直观感觉,让学生的潜意识跟事实交锋。

(2) 点电荷,不是"带电的质点"。只是忽略大小的点形状,可类比"点光源"理解。

(3) 电荷守恒定律的两种表述

起电的两种方式和物质电结构的知识支持电荷守恒定律的传统表述:"电荷既不能创造,也不能消灭,只能从一个物体转移到另一个物体,或者从物体的一部分转移到另一部分;在转移的过程中,电荷的代数和保持不变。"

微观粒子的相互作用与转化,例如高能光子与原子核的相互作用使光子转变为正负电子对($\gamma \rightarrow e^+ + e^-$);正负电子相遇湮没,生成两个光子($e^+ + e^- \rightarrow \gamma + \gamma$),导致电荷守恒定律的现代表述:"一个与外界没有电荷交换的系统,电荷的代数和总是保持不变。"

物理规律表述变化意义:表明研究领域扩大,研究程度深化;后者把前者囊括其中,比以前更深刻。

教学作用:不封闭认识真理的道路;把没问题变为有问题。

2. 库仑定律

教材分析

本节内容的核心是库仑定律,这不仅是电磁学的基本定律,也是物理学的基本定律之一,库仑定律阐明了带电体相互作用的规律,为整个电磁学奠定了基础。

本节内容结构如下:

实验探究提出问题→库仑定律(扭秤实验和库仑定律)

→应用一(与万有引力定律比较)

→应用二(点电荷之间库仑力的叠加)

教学建议

建议在教学中引入学史内容:

(1) 18世纪前,人们对电的了解一直处于定性的初级阶段。

(2) 17世纪末(1687年),牛顿发现了万有引力所遵循的规律(平方反比定律),促使18世纪的物理学家进行类比研究。

万有引力是有质量的物体之间非接触力,电力是带电物体间的非接触力。通过实验研究,不少人猜测平方反比定律适用于电力。

(3) 法国工程学天才库仑在1777年,设计了能测微弱作用力的扭秤(木髓小球),通过实验研究确认:电斥力 $F \propto \dfrac{1}{r^2}$

1781年库仑当选法国科学院院士。

在库仑1785年发表的论文中记述了上述实验及结果。

1787年库仑又设计扭摆(动力学方法),通过实验确认电引力也遵从平方反比规律。

说明1:库仑运用了类比思维。一是平方反比,二是电荷量乘积。对后者,他断定无需证明。另据考证,他用相同的金属球做过实验,巧妙地得到了成比例的电荷量,证实了与电荷量乘积的正比关系。

说明2:被埋没的成果

早在库仑定律建立前13年,卡文迪许用两个导通的金属壳做实验,通过计算得出了比库仑实验(2±0.04)还要精确的电力平方反比定律(2±0.02)。直到1879年才由麦克斯韦整理出版。

1789年,卡文迪许巧妙地利用扭秤装置测出了引力常量 G。

3—6. 电场强度 电势

教材分析及建议

电场是抽象的,看不见摸不着,描述电场比较困难,定量描述更困难。

电场性质的一种描述——电场强度。① 电场作为全新的研究对象,需要新的物理概念,研究方法,描述手段和教学工具。如此才能发现新规律、建立新理论、开辟新的应用前景。电场强度 E 和电势 φ 就是为此引入的概念和物理量。② 研究电场性质从其最明显特征入手,故从电场力引入电场强度。但不能因此说,电场强度(就、仅)是描述电场力的性质的物理量。③ 试探电荷的两个条件要说到底。改变场源电荷分布→改变电场。若场源为点电荷,q 可任意大。

场强叠加原理是独立于库仑定律的另一规律,是电场力服从叠加原理的结果。

电场性质的另一种描述——电势。① 从电场力做功引入电势能,加深对势能的理解:势能是系统的;势能取决于系统中物体间的相互作用力与相对位置;作用力的功必须与路径无关。② 从电势能引入电势。电场的性质;电势 φ 从能量引入,但不能因此就说,φ 就(仅)是描述电场能的性质的物理量。③ 电势概念的重要性:电势 φ 的引入提供了除电场强度 E 外描述静电场的新手段;电势是标量,它的空间分布可用等势面来描绘,形象直观,一目了然;电势与电势能相联系,作为能量家族的新成员,不仅丰富了对能量概念的认识,而且为静电现象与非静电现象之间的联系提供了沟通的渠道,例如电源就是非静电力做功转化为电势能的装置,意义重大;电势 φ 的零点选取原则上任意,通常选 $\varphi_\infty=0$ 或 $\varphi_地=0$。什么叫选 $\varphi_\infty=0$? 为什么选 $\varphi_\infty=0$? 由于在几乎一切实际静电问题中,带电体(系)的电荷量总是有限的,分布范围也是有限的,所以带电体(系)附近电场较强,电势变化剧烈,而远处的电场较弱,电势变化缓和,因此把距带电体(系)足够远,场强几乎为零,电势几乎恒定的广大区域称为无穷远点,并规定其电势 $\varphi_\infty=0$,便于确定近处各点的电势。实际工作中,常把电器外壳接地,并选 $\varphi_地=0$。当地球与无穷远之间的电势差在讨论的问题中可以忽略时,$\varphi_地=0$ 与 $\varphi_\infty=0$ 相容;当需考虑地球电场的影响时,$\varphi_地=0$ 与 $\varphi_\infty=0$ 不相容。

在教学中建议通过类比重力场认识电场。

(1) 通过引力场、重力场认识电场(类比)

场是物质存在的一种形态,具有物质的一般通性:运动、有能量、有力的作用。我们在力学学习中,知道利用引力场、重力场可以解释重力、重力势能。电场也有类似的基本性质:

电场对放入其中的带电体(试探电荷)有力的作用(电场力)

带电体具有一种能(电势能)

电场力做功与电势能变化的关系:做功与路径无关。

具体关系如下表所示。

重力场的性质	电场的性质
使重力场中的物体受到力的作用——重力	使电场中的电荷受到力的作用——静电力
(同一物体在不同的位置受到的重力不同) 哪儿强?哪儿弱?什么方向?——重力场强度	(同一电荷在不同的位置受到的静电力可能不同) 哪儿强?哪儿弱?什么方向?——电场强度
物体在重力场中具有势能——重力势能	电荷在电场中具有势能——电势能
(同一物体在不同的位置,具有的重力势能可能不同) 哪儿多?哪儿少?——用什么描述重力场的这种性质? (引发模糊联想,但引而不发)	(同一电荷在不同的位置,具有的电势能可能不同) 哪儿多?哪儿少?——用什么描述电场的这种性质?

(2) 用比值定义电场强度和电势

① 教科书 P11 第二自然段

猜想:不同试探电荷在电场中的同一点所受电场力不同,力可能与试探电荷的电荷量成正比。

实验表明:其实没能做这个实验,但是我们可以利用理论验证(见下):

理论证明:$F=kQq/r^2$,由该表达式得到 $E=\dfrac{F}{q}=k\dfrac{Q}{r^2}$,确实与试探电荷 q 无关。

总结比值定义方法:密度、电阻。

② 为什么按电势能→电势→电势差的逻辑关系展开教学?

教科书要突出科学思想,其中重要的一条是通过做功研究能量。分析了静电力做的功之后,就会自然地得到电势能的概念,随后,由于电势能与检验电荷成正比,于是又得到了电势和电势差。先学电势差则不便于落实"通过做功研究能量"的思想。

还有一个原因:对于现代的高中学生,能量已经是熟知的概念,电势和电势差则相对抽象,先学电势能再学电势差也符合从具体到抽象的原则。

电势能作为能量家族的新成员,不仅丰富了对能量概念的认识,而且为电现象与其他现象之间的联系提供了沟通的渠道。后面讲到的非静电力对电荷做功与电势能的转化就是一例。

(3)电场强度与电势的关系

可以联系力学所学的知识来帮助学生理解:电场强度描述电场的力的性质,电势描述电场的能的性质。那么,在力学里,力和能什么关系呢?

它们没有直接的关系,并不是力越大能一定越多。同理,电场强度与电势也没有直接关系,电场强度大处电势未必高。力在空间的积累效果——功,可以量度能量的变化,即功是能量转化的量度,也就是说,力是通过做功与能量建立起联系。所以,电场强度和电势的联系,是通过电场力做功建立起来的,这就是我们在匀强电场中研究得到的电场强度和电势差的关系式 $E=U/d$,它适用于匀强电场。非匀强场将 d 取极限,则 E 反映了空间电势变化率(即梯度的概念)。

7. 静电场中的导体

教材分析与教学建议

本节讨论的问题是一个在理论上和实践中均有重要意义的问题。本节知识内容结构如下:

静电平衡状态下导体→导体上电荷的分布→尖端放电→静电屏蔽

静电平衡状态是本章的重点,也是知识难点。因为从微观角度分析宏观现象,学生们还不熟悉。另外,学生电学知识学习还有待继续加强。

理论上,当金属导体放在电场中,达到静电平衡状态是一个非常快的过程,但是对这一过程的分析却十分重要。一定要带领学生共同参与讨论这一过程,使他们明白自由电荷不再定向移动的条件。这样做不仅突出了重点,也为突破难点打下基础。

理论上:导体的静电平衡问题

—概念:导体内部和表面都没有电荷定向移动的状态

—条件:导体内部场强处处为零(导体表面场强无切向分量)

—推论:整个导体是等势体,导体表面是等势面

实践上:导体静电平衡时的电荷分布

—实心导体:表面(外)

—内部无其他带电体的导体空腔:外表面

—内部有其他带电体的导体空腔:内表面等异,外表面等同。

—曲率大($1/\rho$)则 σ 大,但无单一函数关系

注意:尖端放电和两种静电屏蔽实验对突破难点有很大作用。

8. 电容器的电容

教材分析和教学建议

电容器是一种重要的电学元件,有着广泛的应用。本节教学的核心是应用静电场的有关知识研究电容。如何培养学生应用所学知识解决新问题的能力,在这里应该有所体现。

(1) 认识电容器

构造;展示多种实物,拆解实物,图片

(2) 电容器的基本性质——充电、放电

充放电实验:干电池给大电容充电;大电容对小灯泡放电;

(3) 电容器的电容。

两个实验:

a) $C=\dfrac{Q}{U}$ 的研究:类似于库仑研究点电荷间作用用采取相同金属小球接触平分电荷的思想,找两只参数相同的电容,通过接触,平分电荷,以达到改变电荷的作用,利用数字电压表测电压,验证 $\dfrac{Q}{U}$ 比值不变的特性。

b) 做好书上的演示实验,分析影响电容的相关因素(图 4-3)。

由极板面积 S 和极板间的距离 d 计算平行板电容器电容的两个公式 $C=\dfrac{\varepsilon_{r}S}{4\pi kd}$ 和 $C=\dfrac{S}{4\pi kd}$ 应该要求到什么程度?

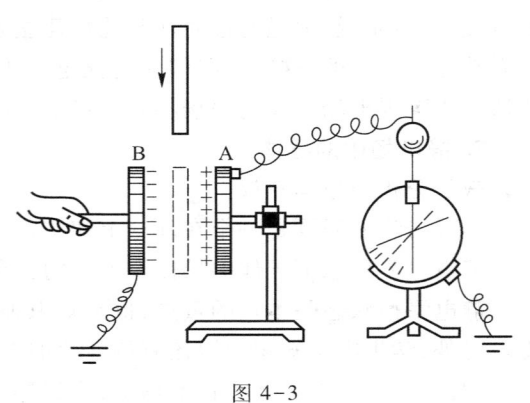

图 4-3

在科学技术工作中,公式的作用不只是用来计算,它也用来反映物理量之间的关系,包括定性的关系。这两个公式在教科书中正是起这样的作用。影响电容的几个因素的不同作用,通过公式可以一目了然。课程标准没有要求这两个公式,教科书也没有这方面的练习题,不必让学生记忆,也不必利用它们进行运算。

9. 带电粒子在电场中的运动

教材分析和教学建议

本节内容由"带电粒子的加速""带电粒子的偏转""示波管的原理"三部分组成。教学内容的梯度十分明显,这样的安排也符合学生的认知规律。

带电物体在电场中平衡和运动问题,只不过是在带电物体所受的外力中,除力学中的重力、弹力和摩擦力外,又多了一种按性质命名的力——电场力,力学中的平衡(静止或匀速运动)、匀加速直线运动、匀减速直线运动、匀变速往复直线运动(竖直上抛)、匀变速曲线运动(平抛和斜抛)、圆周运动等过程,都可以在电场力的参与下再现。因此,应该帮助学生创设好各种有电场力作用的典型物理情景。情景建立了,只要学生对力学知识——牛顿运动定律、动能定理、动量定理、动量守恒定律和能量守恒定律及其应用熟悉,力电综合问题也就迎刃而解了。

示波管的原理,指导学生对照书本的思考与讨论,一个一个问题的回答,这对于学生的自主学习能力培养是有好处的。

三、"库仑定律"节教材分析

（一）地位和教材内容分析

本节是位于《物理选修3-1》（人教版）第一章，第2节。它的前一节内容是《电荷及其守恒定律》，介绍了电荷的产生方式，电荷的分类，并且根据是否有不受原子束缚的电子—即是否存在自由电子区分了绝缘体和导体。通过摩擦起电和感应起电中电子转移的现象，简单地说明了电荷守恒定律的内容。本小节作为本章的第2节，起到一个承上启下的引领作用，库仑定律这一节具体的介绍了库仑力与距离的和电荷量的关系，库仑力是对学习后续内容"电场强度"的基础，为后面学习电势与电势能做好铺垫。学生在必修1中已经掌握了确定研究对象，并对研究对象简单的受力分析的能力，上一节课对电荷的相关知识也有了一定的了解，知道电荷间有力的现象，却不知道电荷间的力究竟与哪些因素有关，由于实验难度等因素，本节课中的实验只能定性分析，本节课的侧重点应当放在库仑定律的物理概念的内涵、规律形成的过程、本质的学习和理解，在继续学习基本物理知识和技能的同时，体验科学探究过程，了解科学研究方法，体会人类探索自然规律的科学态度和科学精神。

本节主要内容：根据《高中物理课程标准》要求："知道点电荷，体会科学研究中的理想模型方法；知道两个点电荷间相互作用的规律；通过静电力与万有引力的对比，体会自然规律的多样性与统一性"。本节重点内容有三个：库仑定律的建立过程，与万有引力的区别和联系，库仑定律的内容成立条件。其中库仑定律的内容成立条件既是本节重点内容，也是本节难点所在。对于库仑定律的准确深入的理解是十分必要的，也为学习电场作了一定的铺垫。其次要了解库仑定律的建立过程，理解与体会和万有引力的区别和联系。

教材中的知识结构如下表：

教学程序	方法论因素
学史简介：提出问题电荷之间作用力的大小决定于哪些因素呢？	史料分析
演示：探究影响电荷间相互作用力的因素	实验探究
库仑定律文字表述	抽象概括
库仑定律公式表述	数学工具总结表达物理规律
库仑实验介绍	学史介绍；对称思想；实验结果放大法
例题1	定律应用，数据分析
例题2	力学平衡方法应用
科学漫步：静电复印	规律应用

从逻辑上说，本节的内容结构如下：

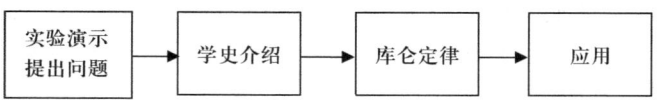

（二）重难点分析

重点：库仑定律内容及适用条件；点电荷的概念。本节内容围绕库仑定律的发现、库仑定律的内容及适用条件、库仑定律的应用展开，所以库仑定律是本节的核心重点。点电荷的概念，同质点模型相同，是理想化模型，属于重点模型。

难点：库仑定律的实验；实验成功率比较低

（三）教学目标

1. 探究过程：通过演示实验，定性了解带电小球的作用力大小相关因素；

2. 明确点电荷是个理想模型。知道带电体简化为点电荷的条件，感悟科学研究中建立理想模型的重要意义；

3. 知道库仑定律的文字表述和公式表达。通过静电力与万有引力的对比，体会自然规律的多样性和统一性。

（四）相关知识分析

1. 库仑定律的建立过程

1785年，库仑基于扭转力同扭转角成正比的原理设计制作了一台精巧的扭秤，用它来测量同号电荷之间的电斥力。对于异种电荷之间的吸引力，扭秤实验的平衡不稳定，测量很不准确，于是库仑又设计了电单摆，与在万有引力作用下的单摆类似，单摆摆动周期应与摆锤到引力中心的距离成正比，这是与距离平方成反比的万有引力作用的结果，电单摆用电引力代替万有引力，得到了距离平方反比定律。库仑的工作得到普遍的承认，后人将其名为库仑定律。

值得指出的是，当年库仑并未在实验中直接得出点电荷之间相互作用 F 与它们的电荷量乘积 q_1q_2 成正比，即 $F \propto q_1q_2$。这个结论是库仑作为推论推出的。他想到了万有引力定律。既然两点电荷之间相互作用力和两物体之间的引力均遵从 $F \propto 1/r^2$，两物体之间的引力与它们的质量乘积成正比，那么两点电荷之间作用力也应类似，和它们的电荷量的乘积成正比，即 $F \propto q_1q_2$。所以，如果我们在课堂中这样叙述："库仑用实验证实了真空中两点电荷之间相互作用力大小与它们间距离平方成反比，与它们的电荷量乘积成正比"，这种说法与历史事实不符，显然是不妥当的。

2. 扭力与角度的关系

在探究电荷间的力与距离的关系时，书中只是简单的说明库仑扭秤能够通过悬丝的角度，比较力的大小，但是究竟是怎么比较的，学生无法获知。该处涉及扭力的概念和力矩平衡的知识，这些知识都远远超出了学生现有的认知水平。

3. 扭力与角度的资料

库仑（Chares Auguste de Coulomb）是法国物理学家，1736年6月出生于法国南部。他早年主要致力于摩擦、扭力和材料刚性等方面的研究。当时航海业发展十分迅速，对船用指南针的要求也越来越高。1773年，法国科学院悬奖征解关于船用指南针最优结构的问题。当时在法国军队任军事工程师的库仑对此进行了研究，并开始了对电磁现象的研究。1777年，库仑与斯云登共同获得法国科学院一等奖。库仑利用悬挂磁针制成了世界上第一台磁扭秤。他利用长短粗细不同的金属丝做实验，总结出了扭转力公式，发现扭转力同扭转角成正比。

4. 电荷间相互作用力发现历史

（1）最初富兰克林（1706—1790）观察到放在金属杯中的软木小球完全不受金属杯上电荷的

影响,后来,普里斯特列(1733—1804)重复了这个实验并立刻想到这一现象与万有引力情形非常相似。牛顿在《自然哲学和数学原理》中,利用万有引力与距离平方成反比的规律,证明了在均匀物质球壳内的物质不会受到来自壳体本身物质的作用力。因此,普里斯特别猜测电力与万有引力有相同的规律,两个电荷间的作用力应与它们之间距离的平方成反比,即 $F \propto r^{-2}$。这是一项很重要的类比推理,是历史上对电力与距离平方成反比的最早认识。

（2）1769 年爱丁堡的鲁宾逊(1739—1805)首先用直接测量的方法确定电力的定律,他得到两个同号电荷的斥力与距离的 2.06 次方成反比。而两个异号电荷的吸引力比平方反比的 2 次方要小些,他推断正确的电力定律是平方反比律。他的研究结果在 1801 年发表才为人所知。

（3）1772 年英国著名物理学家卡文迪许(1731—1810)遵循普里斯特列的思想以实验验证电力平方反比律。如果实验测定带电的空腔导体的内表面确实没有电荷,就可以确定电力遵从平方反比律。卡文迪许实验得出的定量结果与 13 年后(1785 年)库仑(1736—1806)用扭秤直接测量所得结果的精度相当。然而,卡文迪许实验是精确验证电力平方反比律的开创性工作,在他以后 200 年来,这个实验不断重复和改进,精度大大提高。卡文迪许是个性情孤僻、专心致志于学术研究而不计名利的科学家,他的许多研究成果都没有发表,100 年后麦克斯韦(1831—1879)整理他的大量手稿时才将上述结果公之于世。

第三节 "恒定电流"章节教材分析

一、本章教材概述

本章是选修 3-2 模块的第二章,研究直流电路的知识。它的前一章是静电场。表面上看,第一章研究电场的知识,本章研究电路的知识,前者是"场",后者是"路",两者似乎没有什么关联。而实际上,本章的很多概念和规律都是在静电场知识的基础上建立的,关系密切。学生在初中也学过直流电路知识,相关的概念规律基本都研究过,在高中进一步学习这部分内容,要求不同。课程标准的要求如下：

（1）观察并尝试识别常见的电路元器件,初步了解它们在电路中的作用。

（2）初步了解多用电表的原理。通过实际操作学会使用多用电表。

（3）通过实验,探究决定导体电阻的因素,知道电阻定律。

（4）知道电源的电动势和内阻,理解闭合电路的欧姆定律。

（5）测量电源的电动势和内电阻。

（6）知道焦耳定律,了解焦耳定律在生活和生产中的应用。

（7）通过实验,观察门电路的基本作用。初步了解逻辑电路的基本原理以及在自动控制中的应用。

（8）初步了解集成电路的作用。关注我国集成电路以及元器件研究的发展情况。

可以看得出来,课程标准中有 5 条都是涉及实验研究,这表明,高中学习恒定电流,在实验能力要求更高；其次,高中研究的问题比初中更加复杂、更加符合实际；第三,本章要求在初中基础上,利用前一章静电场中知识,重新建构电路中的概念规律；第四就是强调从物质微观结构的角度认识电路的知识。本章的内容结构如下(选自张维善先生《人教版 3-1 教材分析》)：

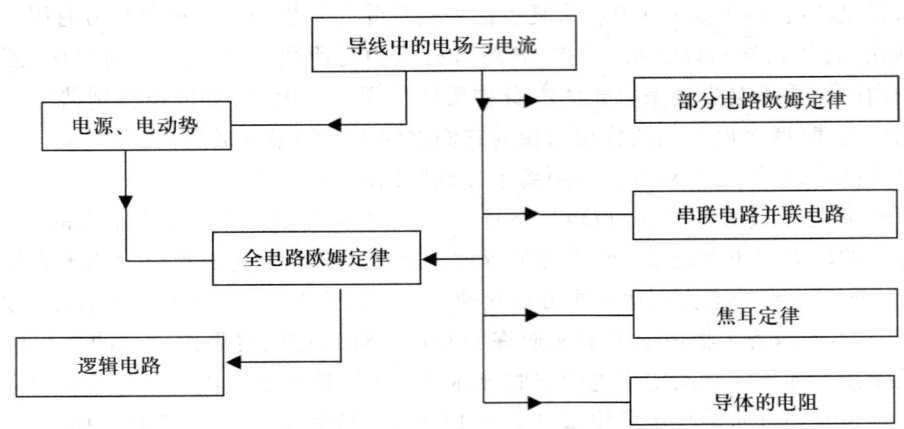

具体来看,本章共 11 节,知识内容和涉及的科学方法如下:

单元/课时	标题	知识结构	方法论
第一单元 2课时	§1 电源和电流	电流的形成、定义、微观解释;电源作用	建模;逻辑推理;类比
	§2 电动势	非静电力;电动势;电源内阻	推理;比值定义;建模
第二单元 §5 1课时 §6 2课时 §7 1课时	§3 欧姆定律	电阻定义;实验探究欧姆定律、小灯泡伏安特性曲线;分压电路	比值定义;实验探究;图表数据处理
	§4 串联电路和并联电路	串并联电路规律;电表改装原理	分析综合;逻辑推理
	§5 焦耳定律	介绍电功、电热的概念;推导得到焦耳定律,并对它进行应用	守恒思想;逻辑推理
	§6 导体的电阻	探究决定导体电阻的因素,得出电阻定律,建立电阻率的概念	理论探究;逻辑推理;控制变量法
	§7 闭合电路的欧姆定律	理论推导、理解闭合电路的欧姆定律;介绍路端电压的概念	逻辑推理
第三单元 §8 1课时 §9 2课时	§8 多用电表的原理	介绍多用电表的基本结构;分析欧姆表的测量原理	方法迁移;分析综合能力
	§9 实验:练习使用多用电表	使用多用电表测电压、电流、电阻;二极管极性、探究黑箱	实验探究;逻辑推理
	§10 实验:测量电池的电动势和内阻	实验测量电池的电动势和内阻;利用图像处理数据	实验探究;图像处理数据
第三单元 §11 1课时	§11 简单的逻辑电路	从生活事例出发介绍"与""或""非"逻辑电路的逻辑关系,介绍真值表;引入门电路、简单逻辑电路设计;初步了解集成电路	

本章教学上的特点：

1. 初中概念重新理解。本章很多概念都是初中学习过的，比如电压、电流、电阻等，到了高中进一步学习，要求更加深入地了解这些概念。

2. 实验多、要求高。本章的知识很多，同时要求会使用各种电学仪器，并能利用它们进行电阻、电压、电流测量，实验能力要求很高。

3. 把理论探讨和实验探究相结合。在本章除了实验探究之外，还有专门从理论角度进行分析探究的实验及方案。

教学重难点分析：

电流、电压、电阻等概念是本章重点内容，同时要在初中的基础上，重新深入理解；电源电动势的概念是本章最重要的内容之一，也是难点，比较抽象。焦耳定律、闭合回路欧姆定律是本章的重点内容。当然最重要也是难点的是电学实验。

二、教学建议

本章教学建议如下：

（1）重视基本概念和基本规律的学习，尤其是关注初高中的不同。

（2）让学生多动手，践行在"做中学"的理念。

具体章节的教材分析及建议

1. 电源和电流

教材分析

引入研究课题：恒定电流："提出问题"（如何获得持续的电流？）→电源的作用→恒定电场的建立→恒定电流的形成

对电流的理解：电流的定义→电流的微观解释

教学建议

（1）从场的观点研究电路问题，是中学物理教学的一个突破性变化。它是难点，但不是重点。目的是在学生头脑中建立场与路是相联系的观念，在于渗透"静电场中所讲的电势、电势差及电场强度的关系等，在恒定电场中同样适用"，"电路定律的理论基础存在于电场的理论之中"。

（2）① 教科书以例题的形式，推导了铜导线中自由电子定向移动的速率，目的是帮助学生从微观角度进一步理解电流的形成，并将宏观量 I 与微观量 v 联系起来，而不是把之作为一个知识点去要求学生。

② 教科书例题，有这样一段文字"按照这个例题得出的速率，自由电子通过一条 1 m 长的导线需要 3 个多小时！"这个定量的分析，将电荷定向移动的速率和在导线中建立电场的速率两个概念的不同体现得很清楚，对于理解电流形成有好处！

③ 习题中的第 3 题，关于电子绕核转动的等效电流有一定的难度。

2. 电动势

教材分析

本节主要内容：非静电力→电动势→内阻

教学建议

（1）明确提出非静电力的概念。

① 电源的作用,关键在于提供一种非静电力。非静电力做功的过程就是把正（负）电荷从负（正）极"搬运"到正（负）极的过程。本质上是"通过非静电力做功把其他形式的能转化为恒定电场的电势能"。所以,不涉及非静电力,就不可能了解和理解电源。对电源电动势的说法也就是不准确,甚至是错误的。

② 只要求从功和能的角度理解非静电力的作用,至于它们是如何产生的,不要求理解。

（2）电动势 $\mathscr{E}=W/q$ 的特点

——决定于非静电力的性质

——与电源的形状、体积无关

——与外电路无关

（3）电源的内阻——电源是一个"矛盾的结合体",它是电路中电荷移动的"推动力",同时也由于内阻的存在,阻碍着电流。

（4）教学中,值得注意的问题就是:从功和能的角度理解电源电动势,优点在于还原电动势的物理本质,但是不像以往教学中的"电动势大小等于内外电压之和"来得形象。

3. 欧姆定律

教材分析

欧姆定律→定义"电阻"→导体的伏安特性曲线→线性、非线性元件→小灯泡的伏安特性曲线

教学建议

（1）关于欧姆定律,学生在初中已学过。欧姆定律从历史上说是一个实验定律。1826年由欧姆提出。但教材中的实验并不是为发现欧姆定律而设计的。因为在这种实验中所用的电压表、电流表都是由磁电式灵敏电流设计改装的,而这种改装已经利用了欧姆定律。

该实验的目的只是显示"U 和 I 的比值"是一个只跟导体本身性质有关的物理量,而对不同导体,该比值不同,且在 U 一定时,R 大则 I 小,并从这个意义上说:"比值 R 反映了导体对电流的阻碍作用",因而把它叫做导体的电阻。

电阻的这种命名并不反映电阻产生的机制（机理）和本质。电阻产生的机制在于"导体中自由电子与晶体点阵中原子实的碰撞,在碰撞时把定向运动的能量（由电场力做功而来）传递给原子实,使后者热运动加剧,导体升温"。电阻的本质作用就是"电能转化为内能"。

（2）对于本节中的"分压电路"不用去分析,因为我们关注的是导体的电流和电压的变化。

（3）导体的伏安特性曲线——线性元件,非线性元件的定义。注意在非线性元件的伏安特性曲线中,电阻是点与坐标原点连线的斜率,不是曲线切线的斜率。

（4）测绘小灯泡的伏安特性曲线,因为涉及"分压电路"的连接,在这儿开设比较费周折,所以有必要做这个实验前,带着同学们一块儿连接这个电路,培养良好的实验习惯。

（5）"说一说"中,分析二极管的伏安特性曲线

① 通过二极管的电流与电压不成正比,二极管是非线性电器元件。

② 二极管加正向电压时,电压越高,电流随电压的变化越快。

③ 二极管加反向电压时,一般电压下电流为 0 表示不导通,当电压达到一定值时,电流迅速增大,这是反向击穿现象。

4. 串联电路和并联电路

教材分析

恒定电流内电荷的稳定分布→串、并联电路的电流、电压关系→串、并联电路的电阻关系→电压、电流表的内部结构和测量原理

教学建议

（1）理论上的提升：从场的观点来分析和推理，从而得出结论。

- 在恒定电场中，从各处电荷分布不随时间改变，导致电流关系。
- 从电压 U_{AB} 等于电势 φ_A 与 φ_B 之差，导致电压关系。
- 从电流、电压关系，利用欧姆定律，导致电阻关系。

（2）等效电阻的教学中，可增加混联电路等效电阻的分析。

（3）把电压表和电流表原理及改装，放在本节研究，使同学从"在直流电路中可以看作是一个电阻"角度理解电压表和电流表，为灵活解决电路问题奠定很好的基础。

（4）课本在第50页，思考与讨论中提出的问题：怎样在这个刻度盘上标出相应的电压数据？

① 作为一个目标问题，引发学生有兴趣去研究电压表、电流表的实质。

② 研究完毕后，再让学生真的去做出表盘。

③ 画出表盘后，再拿出标准表进行校对。

（5）课后习题中的第2题，其实就是伏安法测电阻的系统误差的分析。

5. 焦耳定律

教材分析

电流做功、电流做功功率→电流做功与电能转化关系→纯电阻和非纯电阻的功能关系

教学建议

（1）电功是指电流做功。电流做功的实质是导体中恒定电场对自由电荷的电场力做功，从而把电场的电势能转化为其他形式的能。焦耳热（内能）只是其中之一。

（2）电功率 $P=IU$ 得出时未对电路性质做任何限制，普遍适用，属于理论推导。

（3）焦耳定律 $Q=I^2Rt$，是一实验定律。

（4）当电路为纯电阻电路时，$W=IUt=Q=I^2Rt\rightarrow P=I^2R$，只适用于电能全部转化为内能的情况。凡有电动机、电解槽的电路均不适用。

（5）本节课，依然延续了高一建立功和能量的概念的思路

（6）通过例题，要明确一些说法，比如电动机的热功率，电动机消耗的电功率，电动机所做机械功的功率。

6. 电阻定律

教材分析

影响导体电阻的因素→实验探究→理论探究→电阻定律→简单应用

教学建议

（1）本节教材以探究决定电阻的因素为载体，提供了实验探究和理论探究两种方案，两者结合，体现了实验探究和理论探究都是重要的科学研究方法；

（2）实验，探究导体电阻与材料的关系：

① 实验探究，两种不同材料的导体的电阻、长度、横截面积的研究，计算出上述比例系数

② 引导学生对比例系数的进行研究

（3）思考与讨论，引导学生对电阻定律中的各物理量的意义进行分析

另一方面，可引导学生理解电路元件的微型化的意义，培养学生关注现代技术的意识和辨证看问题的意识。

（4）说一说栏目上，通过选取生活中的素材，强化学生的实践意识。引导学生从影响电阻的因素出发，去思考"消息"中的物理原理。

（5）教科版中，金属的电阻随温度的变化，通过灯丝未断的旧灯泡，小心砸碎后，接入电路，然后，通过酒精灯加热，观察金属的电阻随温度变化的情况。

7. 闭合电路的欧姆定律

教材分析

内、外电路电势特点的分析→内、外电路能量转化的分析→闭合电路的欧姆定律→路端电压→路端电压与负载的关系

教学建议

（1）新教材从电势跃升和电势降落的角度讨论电路问题，就是从场和能量的观点来分析和推证（研究）问题。

- 从场的观点来分析和推证

① 分清外电路和内电路。

② 外电路中，正电荷在电场力作用下从高电势处移向低电势处，沿电流方向电势降落。对任何电源之电路，此点均同。

③ 内电路中，非静电力不同的电源情况不同，所以要具体分析，教材以化学电池为例。

电池正极和负极附近分别存在着化学反应层。反应层中的化学作用（非静电力）把正电荷从低电势处移至高电势处。所以，在这两个薄层，沿电流方向电势跃升。

在两个化学反应层之间，也有电流存在，和外电路类似，沿电流方向电势也有所降低。

④ 整个闭合电路电势高低变化如书中插图。

- 再从能量角度分析问题

① 时间 t 内，外电路电能转化的内能为 I^2Rt；② 时间 t 内，内电路中（除去两反应层）电能转化的内能为 $I^2R_i t$；③ 时间 t 内，内电路中两反应层产生的电动势之和为 $\mathscr{E}$，则非静电力做功为：$W=\mathscr{E}q=\mathscr{E}It$。④ 依能量守恒定律：$W=I^2Rt+I^2R_i t=\mathscr{E}It \rightarrow I=\dfrac{\mathscr{E}}{R+R_i}$。

（2）我们利用"场"的观点分析电路，通过电势的升高与降低，也能推导出闭合电路欧姆定律。

（3）思考与讨论，其实就是电源的伏安特性曲线的分析，可以与第9节测量电源的电动势和内阻相结合研究。

8. 多用电表

教材分析

闭合回路欧姆定律→欧姆表原理→多用电表→用多用电表测电压、电流、测定值电阻→测量二极管的正反向电阻

教学建议

（1）闭合电路欧姆定律的例题的分析，得出欧姆表基本工作原理，这种创新性的陈述方式，旨在把欧姆表这一新知识，建立在原有学习过程的体验上，通过对该体验的创造性联想来形成新知识；

（2）例题的各小问，分别对应的是欧姆表的调零，中值电阻，一般电阻的测量，注意让学生去体会；

（3）思考与讨论，要求将三个表组合在一起，要求高，比较复杂，不宜要求过高，本身也不是要求的范畴，但是作为一个应用存在，会引起一部分同学的兴趣；

（4）四个小实验，要求学生能在老师的指导下，学会连接测量电路，读数；

9. 测定电池的电动势和内阻

教材分析

实验原理（三种实验方法）→实验方法（传统的旧电池，水果电池）→数据处理

教学建议

（1）关于水果电池：内阻特别大

（2）不要求进行实验误差的分析，但是可以利用图像和数据校正的方式进行系统误差的分析。

（3）参考论文：测电源电动势和内电阻实验的系统误差分析[①]（北京四中：李德胜）

用电流表和电压表测电源电动势和内电阻的实验是高中物理的一个重要实验，也是恒定电流一章的难点。同学们对教材中所给的测量电路图体会不深，认为把电流表放在干路中[如图4-4(a)所示]和放在滑动变阻器的支路中[如图4-4(b)所示]效果是一样的。下面我们从两种实验方法所产生的系统误差角度来加以论述。由于同学们的知识所限，课堂上一般采用定量计算的方法和用图像进行定性分析的方法，对于参加过竞赛培训的同学还可以用戴维宁定理（等效电压源定理）来定量分析。

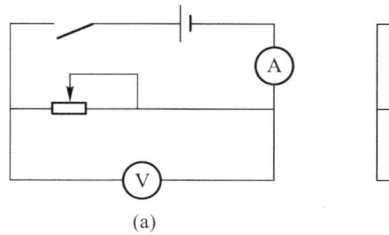 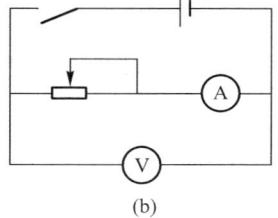

图 4-4

① 定量计算的方法

设电源的电动势和内电阻的真实值分别为 $\mathscr{E}$ 和 R_i，电源的电动势和内电阻的测量值分别为 $\mathscr{E}'$ 和 R_i'。电流表和电压表的内阻分别为 R_A 和 R_V。滑动变阻器从右向左移动，得到的两组示数分别为 (U_1, I_1) 和 (U_2, I_2)。

对于图4-4(a)所示电路：

如果不考虑电压表和电流表的内阻，由全电路欧姆定律有：

$$\begin{cases} \mathscr{E}' = U_1 + I_1 R_i' \\ \mathscr{E}' = U_2 + I_2 R_i' \end{cases}$$

[①] 李德胜.测电源电动势和内电阻实验的系统误差分析.中学物理,2012(03).

解得：$\begin{cases}\mathscr{E}' = \dfrac{U_1 I_2 - U_2 I_1}{I_2 - I_1} \\ R'_i = \dfrac{U_1 - U_2}{I_2 - I_1}\end{cases}$ 这就是电动势和内电阻的测量值。

如果考虑电压表和电流表的内阻，由全电路欧姆定律有：

$$\begin{cases}\mathscr{E} = (U_1 + I_1 R_A) + I_1 R_i \\ \mathscr{E} = (U_2 + I_2 R_A) + I_2 R_i\end{cases}$$

解得：$\begin{cases}\mathscr{E} = \dfrac{U_1 I_2 - U_2 I_1}{I_2 - I_1} \\ R_i = \dfrac{U_1 - U_2}{I_2 - I_1} - R_A\end{cases}$ 这就是电动势和内电阻的真实值。

由此可见：$\mathscr{E}' = \mathscr{E}$，$R'_i = R_i + R_A$。也就是说测得的电动势是准确的；测量值 R'_i 的相对误差为 $\sigma_{R_i} = \left|\dfrac{R'_i - R_i}{R_i}\right| = \dfrac{R_A}{R_i}$。由于实验设备所限，电源内电阻 R_i 和电流表的内阻 R_A 的阻值差不多，这样内电阻就会有很大的相对误差。所以我们不采用这种测量方法。

对于图 4-4(b) 所示电路：

如果不考虑电压表和电流表的内阻，由全电路欧姆定律有：

$$\begin{cases}\mathscr{E}' = U_1 + I_1 R'_i \\ \mathscr{E}' = U_2 + I_2 R'_i\end{cases}$$

解得：$\begin{cases}\mathscr{E}' = \dfrac{U_1 I_2 - U_2 I_1}{I_2 - I_1} \\ R'_i = \dfrac{U_1 - U_2}{I_2 - I_1}\end{cases}$ 这就是电动势和内电阻的测量值。

如果考虑电压表和电流表的内阻，由全电路欧姆定律有：

$$\begin{cases}\mathscr{E} = U_1 + \left(I_1 + \dfrac{U_1}{R_V}\right) R_i \\ \mathscr{E} = U_2 + \left(I_2 + \dfrac{U_2}{R_V}\right) R_i\end{cases}$$

解得：$\begin{cases}\mathscr{E} = \dfrac{U_1 I_2 - U_2 I_1}{I_2 - I_1 + \dfrac{U_2 - U_1}{R_V}} \\ R_i = \dfrac{U_1 - U_2}{I_2 - I_1 + \dfrac{U_2 - U_1}{R_V}}\end{cases}$ 这就是电动势和内电阻的真实值。

因为 $U_1 > U_2$，所以 $\dfrac{U_2 - U_1}{R_V} < 0$，因此：$\mathscr{E}' < \mathscr{E}$，$R'_i < R_i$。也就是说测得的电动势和内电阻都是偏小

的。它们的相对误差分别为

$$\sigma_{\mathscr{E}} = \left|\frac{\mathscr{E}'-\mathscr{E}}{\mathscr{E}}\right| = \left|\frac{U_2-U_1}{(I_2-I_1)R_V}\right| = \frac{R_i}{R_V+R_i}$$

$$\sigma_{R_i} = \left|\frac{R_i'-R_i}{R_i}\right| = \left|\frac{U_2-U_1}{(I_2-I_1)R_V}\right| = \frac{R_i}{R_V+R_i}$$

其中 $R_V \gg R_i$,所以两者的相对误差都很小。我们采用的就是这种测量电路测量电源的电动势和内电阻。

② 用图像定性分析

对于图 4-5 所示电路：

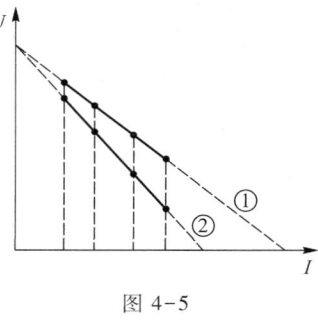

图 4-5

测出几组 U、I 值,然后在 $U-I$ 坐标系中描点并连线如图 4-5 中①线所示。直线①与 U 轴的交点表示电源电动势的测量值,直线①斜率的绝对值表示内电阻的测量值。由于电流表的分压作用,对于某一组具体的 (U_1', I_1'),电流表测得电流 I_1' 就是通过电源的电流,而电源的路端电压比电压表测得的 U_1' 略大,满足 $U_1 = U_1' + I_1'R_A$ 关系,可见 I' 越大,$\Delta U = U-U'$ 越大；I' 越小,$\Delta U = U-U'$ 越小,特别的当 $I' = 0$ 时,$\Delta U = U-U' = 0$。对每一个点进行修正,每一个点的电流值不变,电压值适当调整变大,而且当电流值越大,对应的调整量也越大。

下面来证明经调整的点仍位于一条直线上(线形的)。

原来的点满足关系：$U' = \mathscr{E}' - I'R_i$

经过修正的点满足关系 $U = \Delta U + U' = \mathscr{E}' - I'R_i + I'R_A$ 可见,U 和 I' 仍然是一次函数的关系,也就是说它们仍将位于同一条直线上。

把经过修正的点连接起来,如图中②线所示。这样直线②与 U 轴的交点表示电源电动势的真实值,图线斜率的绝对值表示内电阻的真实值。可见,用图 4-5 所示电路测得的电动势的值是准确的,测得的内电阻是偏大的。

对于图 4-6 所示电路：

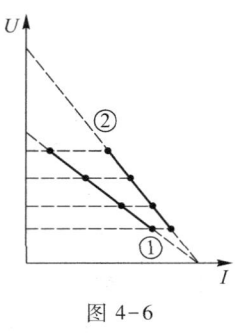

图 4-6

测出几组 U、I 值,然后在 $U-I$ 坐标系中描点并连线如图中①线所示。直线①与 U 轴的交点表示电源电动势的测量值,直线①斜率的绝对值表示内电阻的测量值。由于电压表的分流作用,对于某一组具体的 (U_1', I_1'),电压表测得电压 U_1' 就是电源的路端电压,而通过电源的电流比电流表测得的 I_1' 略大,满足 $I_1 = I_1' + \dfrac{U_1'}{R_V}$ 关系,可见 U' 越大,$\Delta I = I-I'$ 越大；U' 越小,$\Delta I = I-I'$ 越小,特别的当 $U' = 0$ 时,$\Delta I = I-I' = 0$。对每一个点进行修正,每一个点的电压值不变,电流值略微变大,而且当电压值越大,对应的调整量也越大。证明调整过的点位于同一条直线上的方法如上面所述。把经过修正的点连接起来,如图中②线所示。这样直线②与 U 轴的交点表示电源电动势的真实值,图线斜率的绝对值表示内电阻的真实值。可见,用图 4-6 所示电路测得的电动势和内电阻都是偏小的。

③ 用等效电压源定理(戴维宁定理)来分析

利用等效电压源定理常可将电路简化,从而使计算得以简洁。等效电压源定理表述为:两端有源网络可等效为一个电压源,其电动势等于网络的开路端电压,内阻等于从网络两端看除源(将电动势短路)网络的电阻。

对于图 4-7 的电路:

可以把电源和电流表看成一个整体,这样测得的就是这个整体的端电压和通过这个整体的电流,计算出的就是这个整体的电动势和这个整体的内电阻。根据戴维宁定理,这个整体的电动势相当于开路时的路端电压,也就是这个电源本身的电动势;而这个整体的电阻就是电源和电流表的电阻之和。

即:
$$\begin{cases} \mathscr{E}' = \mathscr{E} \\ R'_i = R_i + R_A \end{cases}$$

误差分析同方法 1。

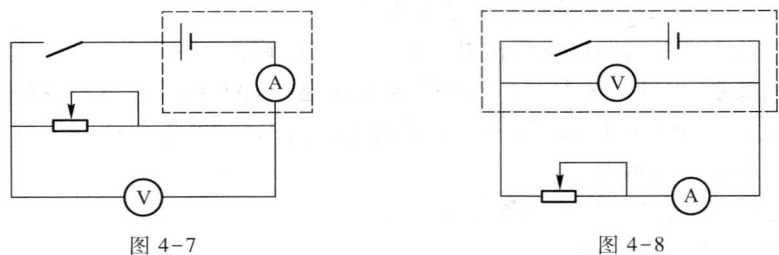

图 4-7   图 4-8

对于图 4-8 的电路:

可以把电源和电压表看成一个整体,这样测得的就是这个整体的端电压和通过这个整体的电流,计算出的就是这个整体的电动势和这个整体的内电阻。根据戴维宁定理,这个整体的电动势相当于开路时电压表所分得的电压,整体的电阻相当于电源和电压表并联的阻值。即:

$$\begin{cases} \mathscr{E}' = \dfrac{R_V}{R_V + R_i} \mathscr{E} \\ R'_i = \dfrac{R_V R_i}{R_V + R_i} \end{cases}$$

显而易见:$\begin{cases} \mathscr{E}' < \mathscr{E} \\ R'_i < R_i \end{cases}$

$$\begin{cases} \sigma_{\mathscr{E}} = \left| \dfrac{\mathscr{E}' - \mathscr{E}}{\mathscr{E}} \right| = \dfrac{R_i}{R_V + R_i} \\ \sigma_{R_i} = \left| \dfrac{R'_i - R_i}{R_i} \right| = \dfrac{R_i}{R_V + R_i} \end{cases}$$ 也很轻易就能计算出来。

在按上述方法进行实验和分析后,绝大多数学生都能很好地理解该实验的系统误差,掌握减小误差的方法,并提高了理论分析的水平。

10. 简单的逻辑电路

教材分析

通过实验引入与、非、或门——真值表

教学建议

（1）建议从生活实例或演示实验现象入手,帮助学生理解三种逻辑关系。（生活实例:各读者也可考虑除了书中的其他相关例子）

（2）展示各电路。

（3）思路：

① 怎样可以知道门电路的逻辑功能？

② 怎样表述门电路的逻辑功能？

③ 怎样检测逻辑电路的功能？

④ 应用概念规律。

第四节 "磁场"章节教材分析

一、本章教材概述

磁场和电场都是电磁学的核心内容。在初中,关于磁场,学生已学习了磁感线对磁场的描述,会用安培定则（右手螺旋定则）判断电流的磁场方向,知道地磁场的一些特性。在高中阶段,我们继续学习磁场,要学习对于磁场强弱定量的描述,掌握磁感应强度的概念,掌握安培力和洛伦兹力的概念以及它们如何影响通电导线和带电粒子的运动。通过本章学习,使学生进一步认识研究"场"性质的方法。

本章的内容,特别是对磁场性质的定量描述,是以后电磁感应、电磁波知识的基础。本章的知识逻辑结构如图所示。

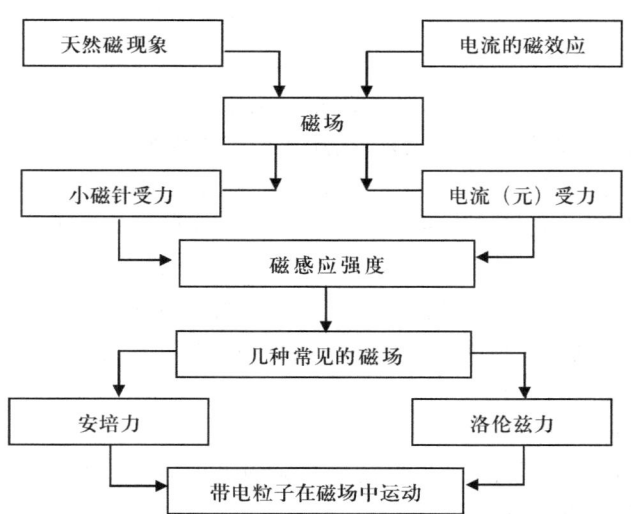

可以看得出来,关于磁场本身的描述、基本的概念是这一章的核心和基础。本章的教材内容是按照以下线索展开:磁现象→磁场性质的定量和定性描述→磁场对电流和运动电荷的作用→安培力和洛伦兹力的作用。第一单元是第1节,在初中有关知识的基础上,介绍基本磁现象、磁效应和地磁场，介绍了我国古代对磁学的认识和贡献，着重介绍了科学史上具有里程碑意义的奥斯特实验。第二单元包括 2、3 节，介绍磁场的性质及用磁感线对磁场的描述，定量描述磁场强弱的物理量磁感应强度的定义，这部分内容是后面学习的基础。第三单元包括 4、5 节，分别介绍了通电导线在磁场中受到的力和运动电荷在磁场中受到的力，这两节内容是本章的核心也是教学的重点。第四单元包括第 6 节，介绍带电粒子在磁场中的运动，是洛伦兹力知识的应用。整个教学内容安排，体现了从宏观到微观的特点。

在课程标准中对这章的要求是：

（1）列举磁现象在生活、生产中的应用。了解我国古代在磁现象方面的研究成果及其对人类文明的影响。关注与"磁"相关的现代技术发展。

（2）了解磁场，知道磁感应强度和磁通量。会用磁感线描述磁场。

（3）会判断通电直导线和通电线圈周围磁场的方向。

（4）通过实验，认识安培力。会判断安培力的方向。会计算匀强磁场中安培力的大小。

（5）通过实验，认识洛伦兹力。会判断洛伦兹力的方向，会计算洛伦兹力的大小。了解电子束的磁偏转原理以及在科学技术中的应用。

（6）认识电磁现象的研究在社会发展中的作用。

本章教学上的特点：

1. 注重科学方法的学习。比如类比法，本章概念规律的学习可以类比电场进行。如磁感应强度与电场强度类比，磁感线与电场线类比，安培力、洛伦兹力与电场力类比，带电粒子在磁场中的运动与带电粒子在电场中的运动类比等等。这种类比是一种重要方法，它可以让我们用以往的经验或知识，去比较新的事物、新的情景降低学习或者研究问题的难度。再比如模拟法，与电场一章类似，在学习本章磁感线时，通过铁屑的分布来模拟呈现看不见的磁场。在物理学中，物理学家总是希望用一幅图景来描述物理情景。比如把看不见的电场、磁场"呈现"出来，从而使得我们言之有"物"。这种模拟不仅可以清晰地呈现对象的特征，也给我们一种直观形象的感觉。还有就是比值法定义物理量：用比值定义物理量的方法在之前我们已经多次使用，再一次用这个方法定义了磁感应强度。比值定义的物理量是为了相关描述的需要才提出的，这种需要包括快慢、能力、强弱等，但他们的共同特点是：描述他们需要两个不同的量。比如为了描述记忆快慢，我们就可以用单位时间记忆东西的多少来表示，因此记忆快慢就与记忆东西的多少和记忆所需时间这两个量联系起来。但记忆快慢不是记忆东西的多少，也不是记忆时间的长短，它本身就描述记忆快慢的程度。

2. 演示实验较多，注意培养学生的观察能力、表达能力和归纳能力。由于磁场看不见摸不着，所以需要通过磁场对其他物体的作用来感知磁场的存在和探究磁场，所以需要学生认真观察实验，描述实验现象并能进行分析。

教学重、难点分析：

重点：本章教学重点包括重点概念（包括磁感应强度、安培力、洛伦兹力）以及规律应用（在洛伦兹力作用下带电粒子的运动）。

难点：本章教学难点有地磁场的方向，带电粒子在洛伦兹力作用下的运动。因为地磁场的方向涉及空间方位的问题，对很多同学来说，是有难度的。带电粒子在洛伦兹力作用下的运动，涉及几何问题、空间想象能力、数学在物理中的应用，这些都是难点。

二、教学建议

本章教学建议如下：
(1) 注意通过图片、道具、课件，帮助学生建立磁场的情景；
(2) 注意类比等科学方法的应用，以降低理解难度；
(3) 降低习题难度，以促进学生理解基本知识。
具体章节的教材分析及建议：

1. 磁现象和磁场

教材分析

本节的内容多为初中学过的知识，重点是电流的磁效应和磁场概念的形成。可以结合演示实验，对初中知识进行复习，唤起学生的记忆。主要内容线索是：

磁现象（中国古代对磁学的认识和贡献）→奥斯特实验→磁体对通电导线的作用力→磁场→地球的磁场。

教学建议

(1) 电流的磁效应：教学中要让学生体会到奥斯特发现电流磁效应的历史背景：一方面随着对摩擦生热及热机做功等现象认识的深化，自然界各种运动形式之间存在着必须的相互联系的思想在哲学界和科学界逐渐形成，寻找电和磁的联系，正是在这种哲学信念的支配下的有意识的探索活动；另一方面，奥斯特实验前人们见到的力都是"纵向力"，这种思维定势给实验研究带来了很大的障碍，奥斯特的发现是人类遇到的第一个"横向作用"，在当时这个发现，给整个科学界眼前一亮的感觉。

(2) 磁场：通过演示磁极对磁极、磁极对电流、电流对电流、电流对磁极，类比库仑力和电场，形成磁场概念，即相互作用都是通过磁场来完成的。

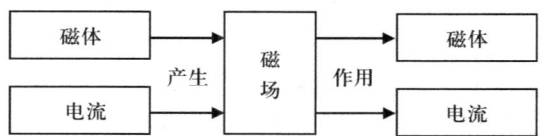

在此，还要说清几个问题：一是磁场存在于永磁体的周围，通电导线周围，这一点通过演示奥斯特实验和通电螺线管都能发现。另外，磁场虽然看不见、摸不着，但是和电场一样是客观存在的物质，我们可以通过磁场对磁体或电流的作用来认识磁场。

(3) 地磁场：地磁场强度很弱，在最强的两极其强度不到 10^{-4} T，平均强度约为 $6×10^{-5}$ T。磁场的方向，尤其是与地理的东南西北相联系时，在很多方位感不好、空间想象力弱的同学看来特别困难。

若不考虑磁偏角问题，我们可以认为，位置①：在赤道上空，磁场方向平行于地面由南指向北，具体情景可以用下图 4-9 来表示。位置②：在北半球，如北京，磁场方向与地面成一角度，它的水平分量向北、竖直分量向下；有时候，我们可以这样描述：北京地磁场方向"由南边的天空指向北边的地面"，简称"南天指向北地"。位置③：在南半球，磁场方向与地面也成一定角度，它的水平分量向北、竖直分量向上；同上，我们可以说③处的磁场方向"由南边的地面指向北边的天空"，简称"南地指向北天"。

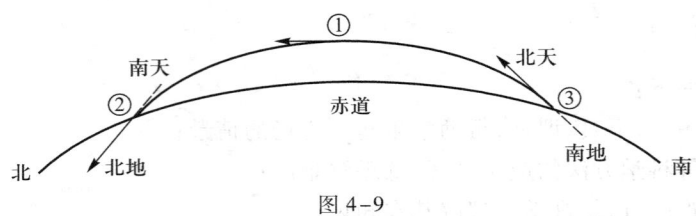

图 4-9

还有一个难点、学生的问题需要解决:即结合地理的方位(东南西北)在地磁场中讨论相关问题。

如图 4-9①位置,东西方向如何判断?这一点可以通过一个简单经验来判断,即当我们面向北方站立时,左(手)西右(手)东。如图 4-10 所示,纸面内即是东、纸面外即是西。

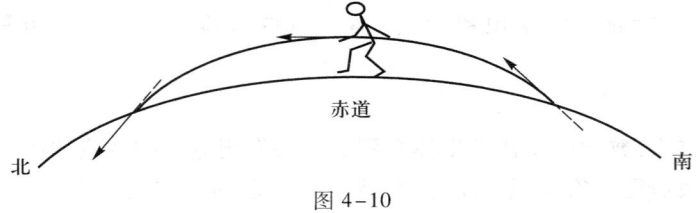

图 4-10

利用同样的经验,我们也可以在地球的立体图中分析东南西北方向。

如图 4-11 赤道处位置①纸面外是西,纸面内是东;

赤道处位置②纸面外是东,纸面内是西;

当然这一点,同学们也可以根据自己的理解去建立空间方位感。比如从地球自转方向为自西向东亦可得到相同的答案。

(4)电流磁效应的认识(选自张维善先生《人教版 3-1 教材分析》)

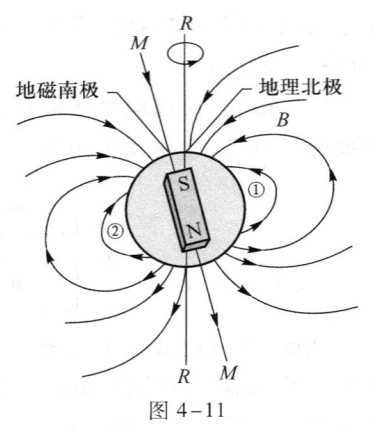

图 4-11

奥斯特通电直导线能使小磁针转动的实验,揭示了此前一直被认为彼此无关的电现象与磁现象之间的联系,宣告电磁学作为一个统一学科的诞生。这是改变自然观世界观和思维方式的划时代发现,属于科学革命。这个发现促使人们寻找电流元对磁极作用力的规律,以便为任意电流对磁极作用提供统一的定量解释,同时也最终启发了安培假说:磁现象的本质是电作用,物质的磁性源于其中的分子电流;所有磁相互作用应归结为电流元与电流元的作用。电流磁效应只揭示了"电"对磁的作用,仅是"电"与"磁"相互联系的一个侧面,那么,"磁"是否也能对"电"有作用?如果电荷被"磁"作用推动,是否会形成某种电流?一个新的科学问题产生了。这是科学进步过程中,传统思维与创新思维交锋和突破的生动事例。

2. 磁感应强度

教材分析

磁感应强度是电磁学的基本概念,是本章的重点。主要内容包括磁感应强度的定义、方向、大小、单位等。学生学习难点有两个,一是电流元的概念,太抽象了,不容易理解;二是磁场对电流的作用与方向有关,这一点与前面学习的任何力都不同,即没有"横向作用"的经验。本节在定义磁感应强度时,再次用到比值定义法,注意体会。

教学建议

(1) 为什么引入磁感应强度？建立一个概念,第一个就要说清楚的就是引入概念的必要性。建议：

演示不同磁铁对同一铁块作用力大小不同,说明磁场有强弱

小磁针在磁场中受到力的作用——在不同位置受力大小、方向不同,说明磁场有强弱、有方向

通电导线在磁场中受到力的作用——不同位置受力大小不同,磁铁反置,受力方向不同,同样说明磁场有强弱、有方向

↓

如何描述磁场强弱和方向？

↓

磁感应强度

(2) 关于磁感应强度的定义。在目前较为通用的教材中(含大学、中学教材)中,有关 B 的定义方法有三种。这三种方法看来是不相同的,但是它们的根据都是磁场对运动电荷(电流)有力的作用这一实验事实。例如所用探测工具是电流时,定义 B 的依据是安培力;所用探测工具是试探线圈时,定义 B 的依据是线圈在磁场受的力矩;所用探测工具是运动电荷时,定义 B 的依据是洛伦兹力。[①]

在中学,限于数学手段局限,我们采用了第一种定义方法。但想描述磁场性质的依然有很大难度,如：

——没有像点电荷那样的磁单极子可以作为检验磁体；

——小磁针有两个极,只能检验磁场力的方向,不能检验磁场力的大小；

——有限长电流不能检验一个点的磁场力；

——电流元不可能单独存在。

所以,我们教学中采用了如下方法解决上述困难之处：

——以小磁针确定磁感应强度的方向；

——测有限长电流 IL 在匀强磁场中的受力。

3. 几种常见的磁场

教材分析

本节内容是在初中基础上有很大的提高和拓展。磁感线、几种常见的磁场、匀强磁场是最基本的,也是最重要的知识,在后面学习中广泛被应用。由于磁感线的分布是空间立体,学生比较熟悉的是平面图,所以对于空间磁场分析理解还是有难度。磁通量的概念重要,但在这里学习,学生难以理解其物理意义。

教学建议

(1) 画磁感线图的依据是在磁场中振动铁屑后形成的图形,铁屑磁化为小磁针,振动又使它悬空能转动。所以磁感线图形是否正确不在于是否美观,而在于每点确实是放在该点的小磁针 N 极指向。这是画图、检查、判断的唯一判断。

[①] 缪钟英.电磁学问题讨论.北京:人民教育出版社,2005:359.

为了更好地理解磁感线,可以将它与电场线进行比较:
——明确两者都是为研究问题的方便而假想的一系列曲线;
——两者都是用切线方向描述"场"的方向,用疏密描述"场"的强弱;
——电场线是不闭合的,磁感线则是闭合曲线。

(2) 几种常见的磁场,尤其是电流的磁效应,要结合学生在数学中学到的三视图方法,利用图片、道具、电脑动画等帮助学生建立磁场的情景。

(3) 安培分子电流假说

"假说"是用来说明某种现象但未经实践证实的命题,在物理定律和理论的建立过程中,"假说"常常起着很重要的作用,它是在事实、实验基础上概括抽象出来的。安培分子电流假说就是在"通电螺线管磁场与条形磁铁磁场极为相似的启发下,结合环形电流磁场的特点,经过思维发展而产生出来的,而这种从表面现象的简单相似到本质的内在联系(也是隐藏在复杂事物背后的简单的逻辑关系)的发展,正是物理大师的直觉灵感和深入思考结合的产物,体现了物理学深刻而又简洁之美"。[①]

(4) 建议将本节内容并入第一节,同时磁通量的概念可以放在下一章电磁感应中再讲。

4. 通电导线在磁场中受到的力

教材分析

安培力的大小和方向是本节重点。其中安培力、电流、磁感应强度三者方向的空间关系是本节难点,安培力是垂直于电流和磁感应强度决定的平面,即安培力一定要垂直电流和磁感应强度,而电流和磁感应强度方向可以成任意角度。本节知识线索是:

安培力的方向(左手定则)→安培力的大小→应用(磁电式电流表)

教学建议

(1) 安培力的方向(左手定则)的教学:"探究——归纳"的思路。
——由学生自己做实验做记录;
——自己归纳这三个方向的关系;
——可以有交流讨论;
——每个人都要用手真实地比划。
——可以用硬纸片做个手模型;
——教具:用粗铁丝、毛衣针扎在泡沫塑料上做成"匀强磁场"。学生自制磁场模型;学生也可以自制小模型,可以用牙签和泡沫塑料或橡皮制作。

(2) 安培力的大小

当导线与 B 不垂直,成 θ 角时,书上分解为 $B_\perp$ 和 $B_{/\!/}$,得 $F=ILB\sin\theta$,也可以理解为当电流导线与 B 不垂直时,在垂直 B 方向上导线"有效长度"为 $l\sin\theta$。"有效长度"比垂直时变小,也可以得到 $F=ILB\sin\theta$。

用手模型在与 B 成 θ 方向角演示,只要磁感线从手心穿入,则 F 的方向仍不变。

(3) 磁电式电表

教学中应该从观察实物入手,让学生看清楚磁铁、线圈、转轴、螺旋弹簧、极靴、指针等。要根

[①] 人民教育出版社,等.物理选修3-1教师教学用书.北京:人民教育出版社,2010:138.

据辐向磁场的特点,分析:线圈的转动是怎样产生的?线圈为什么不能一直转动下去?为什么指针偏转角度的大小可以说明被测电流的强弱?对于优秀学生,可以提出"为什么磁电式电流表的表盘刻度是均匀的"。

5. 运动电荷在磁场中受到的力

教材分析

洛伦兹力的方向和大小是本章的重点。相比较安培力,洛伦兹力更抽象,更不好直观观察,所以对于洛伦兹力的学习是学生的难点。课堂上,通过实验让学生观察到运动电荷受到洛伦兹力而发生运动的偏转,结合理论探究洛伦兹力方向,再由安培力的表达式推导出洛伦兹力的表达式,这也是特别能培养学生逻辑思维能力。本节的知识线索是:

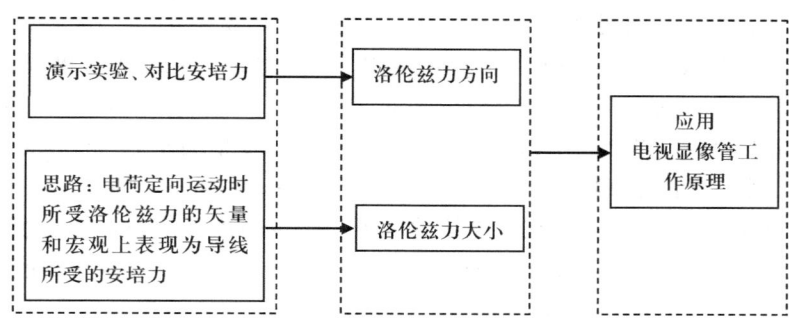

教学建议

(1) 本节教学环节介绍:

从磁场对电流的作用安培力入手,说明其大小、方向与哪些因素有关

猜想:磁场对运动电荷有无作用力?

演示:展示现象和事实(阴极射线管)

结论:磁场确实对运动电荷有作用力,称为洛伦兹力

从实验和安培力方向总结洛伦兹力方向

从安培力大小和电流的微观解释推导洛伦兹力大小

几点说明:① 阴极射管的工作原理要知道。感应圈加高压,产生运动的电子流,荧光板受电子打发光,显示电子流(或电子束)走向;② 指导学生自己阅读课本讨论并推导洛伦兹力的大小。

(2) 应用

指导学生思考并讨论,洛伦兹力与速度方向的关系和作用效果——只改变速度方向,不做功。高能宇宙射线,受地磁场的洛伦兹力作用偏转,使地面生命不受致命伤害。

电子显像管的工作原理。由于学生对于电子显像管比较陌生,而且在生活中电子显像管应用也在减少,所以对于这段内容,教师要调动各种手段,模型教具、图片、教师板图等,让学生对电子显像是什么有一个清晰的理解。要真切地有所感悟:水平方向、竖直方向的磁场各是怎样变化的,在它们的作用下,电子束各做什么样的运动?如何应用在电阻或示波器及各种显示器上的。

(3) 关于安培力和洛伦兹力的关系

安培力 $F=ILB\sin\theta$ 是磁场对载流导线的作用力,洛伦兹力 $F=QvB\sin\theta$ 是磁场对运动电荷的作用力。两者在形式上的相似,即 Qv 与 IL 相当绝非偶然。实际上运动电荷就是一个瞬时电流元。载流导线所受安培力就是作用在导线中定向运动的自由电子上的洛伦兹力的宏观表现。问题在于这种"从微观到宏观"的机理是什么？

为了回答作用于单个电子洛伦兹力怎样表现为安培力这个问题，有人提出一种"碰撞"观点，认为作定向漂移运动的自由电子受洛伦兹力作用后，将产生侧向运动，在侧向运动中不断与金属导体的晶格（或原子实）相碰撞。在碰撞中自由电子把由洛伦兹力获得的动量传递给晶格，晶格在单位时间内获得的冲量在宏观上就表现为安培力。因而安培力是自由电子与晶格碰撞产生的，它恒等于各个自由电子所受的洛伦兹力的合力。看来这是安培力与洛伦兹力之间的关系简明解释，它似乎既有道理，又可以使安培力公式与洛伦兹力互推，其实这种观点是不正确的。

碰撞观点的内在矛盾：① 碰撞是产生安培力的原因吗？如果按照"碰撞观点"，安培力是自由电子因受洛伦兹力而发生侧向运动，并与晶格发生碰撞的宏观效果，那么当无外磁场时，自由电子由纵向漂移运动和晶格发生碰撞（这正是导体的电阻形成的原因），在宏观上也应表现为导体受到一个纵向力。但是这个在实验上从未发现这个力的存在。所以认为碰撞是产生安培力的原因是值得怀疑。② 侧向碰撞存在吗？在载流导体中，自由电子与晶格的碰撞产生电阻，同时产生焦耳热，这些都是毫无疑问的事实。如果自由电子因侧向运动还要和晶格不断发生附加碰撞，那么，在相同电流强度的情况下，有外磁场存在时导体的电阻和产生的焦耳热与无外磁场时大，但是实验中，从来没有测出过这种差异。因而作侧向运动的电阻是否与晶格发生碰撞也是值得怀疑的。①

还有一种观点，霍尔电场说，其要点如下（选自张维善先生《人教版选修3-1教材分析》）：

1）在电场力作用下定向运动的自由电子在洛伦兹力 $\overline{F}_{洛}$ 作用下移向导体一侧，导致负电荷与另一侧正电荷积累，形成霍尔电场。

2）霍尔电场对自由电子作用力 $\overline{F}'_{洛}$ 与洛伦兹力 $\overline{F}_{洛}$ 反向，并最终达到两者相等，互相抵消，自由电子不再横向迁移（纵向速度 $\overline{v}_{洛}$ 不变），两侧电荷不再更多积累，霍尔电场稳定。

3）霍尔电场对晶格正离子也有作用力，此力与洛伦兹力 $\overline{F}_{洛}$ 方向相同，大小相等。所有正离子晶格所受霍尔电场力的矢量和 $\overline{F}_{洛h}=\sum\overline{F}_{洛hi}$，就是因有磁场作用于载流导线的安培力。

6. 带电粒子在匀强中的运动

教材分析

本节内容是前面知识的应用，是本章的重点和难点。主要采取的教学方法就是实验探究，获得感性认识，再从理论进行推导，获得理性知识。这两个环节，可以调换。学生对于本节内容大部分都能很好地理解，但对于回旋加速器的工作原理及一些问题会出现理解不深的现象。教材中的知识线索如下所示。

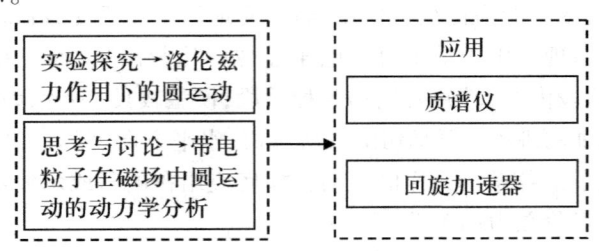

---

① 缪钟英.电磁学问题讨论.北京：人民教育出版社，2005：363.

教学建议

（1）关于在洛伦兹力作用下的粒子的运动特点的分析。

教学过程,首先要带着学生再回顾一下各种运动的动力学特点,指出一旦物体初速度确定,受力确定,则运动也能确定的机械论思想。再提出问题:带电粒子垂直于 B 方向进入匀强,初速度大小 v,它的运动状况将如何? 可以按以下步骤指导学生思考。

问题1. $F_洛 \perp B$,说明什么? $F_洛$ 在平行 B 方向没有分量。所以它不会离开垂直 B 的平面;

问题2. $F_洛 \perp v$,说明什么? $F_洛$ 只改变 v 的方向,不改变 v 的大小,$F_洛$ 充当向心力,正符合作匀速圆周运动的条件。

（2）实验演示:洛伦兹力演示仪

利用投影,带着学生认识面板上各旋组标记功用。

观察:电子束在各种情况下运动。加大或减小励磁电流,对轨迹影响;加大或减小加速电压,对轨迹的影响。

结论:定性分析结果——B 越强,偏转越厉害;v 越小,越容易偏转。

推导:半径、周期公式(略)

结论反思:由 $T = \dfrac{2\pi m}{qB}$,与进入磁场的初速无关。

v 大走大圈,v 小走小圈,但各自所用时间相同,这正是回旋加速器理论依据之一。

（3）带电粒子在电磁场中运动

带电粒子在电磁场中的运动是一个涉及许多领域的基本课题,而且有很重要的应用。空间物理和天体物理的研究对象大多是等离子体在各种磁场(地磁场、太阳磁场、星际磁场、星系际磁场)中的运动。粒子物理学中,研究各种粒子的碰撞,就与它们在电磁场中的运动规律有关。质谱仪,示波管,电子显微镜,电视显像管,磁控管,粒子加速器等,都巧妙地利用了带电粒子在电磁场中运动的种种特征。

关于质谱仪:

两种用途:测量带电粒子的荷质比 $\dfrac{q}{m} = \dfrac{\sqrt{2mE_k}}{qB}$;测量同位素的原子量(微量分析),呈现在胶片或电脑传感器上,或分离同位素(量大,供医用或其他用途)

关于回旋加速器:

关于"D形盒"应做个模型来展示,以帮助形成更形象的思维。

引入回旋加速器的思路:

① 可以利用静电力对带电粒子做功增加粒子的能量,$\Delta E_k = qU$,电压越高,粒子增加的能量越大。遇到的困难是技术上不能产生过高的电压。

② 解决上述困难的一个途径是进行多级(次)加速,这就是直线加速器,遇到的困难是加速设备很长。

③ 解决上述困难的一个途径是把加速电场"卷起来",利用磁场改变带电粒子的运动轨迹,让粒子"转圈"式多级(次)加速,这就引入了回旋加速器。

介绍回旋加速的思路:

① 带电粒子能达到的最大速度与哪些因素有关?

② 加速电压的大小影响哪些因素？
③ 加速电压的周期频率等于多少？

第五节 "电磁感应"章节教材分析

一、本章教材概述

电磁感应现象的发现是电磁学中重大的发现之一。电磁感应现象的研究使人们从静电场、静磁场,过渡到变化场的问题。这是一个比较大的知识上的飞跃,初中也学习了电磁感应的一些基本现象,高中将更加全面地学习电磁感应知识。本章是在前面学习过电场和磁场的基础上,涉及的研究方法包括了力学中牛顿运动定律、能量思想和动量思想,可以说是力学、电学的综合应用章节,从这层意义上说,本章综合程度很高,对于学生应用能力要求也非常高。同时,电磁感应也是后续章节交流电、电磁波知识的基础。

本章的内容,概括来说:现象→规律→本质→应用

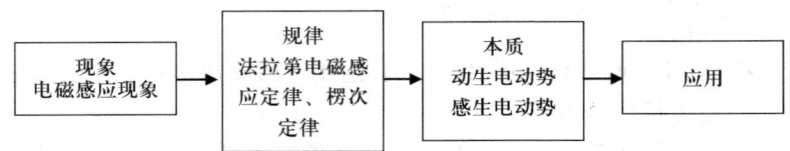

这个知识线索,应该说也是物理学科认识问题的基本思路:即先观察和描述现象,探究其规律,分析其本质,寻找其应用。

本章的知识逻辑结构如下所示。

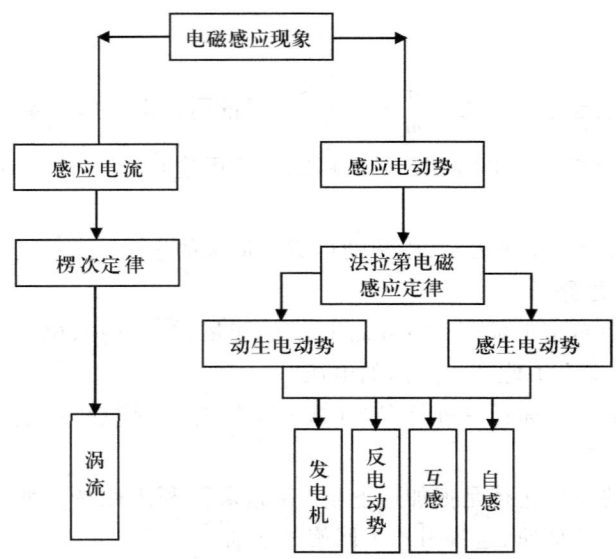

可以看得出来,法拉第电磁感应定律和楞次定律是这一章的核心和基础。第一单元是第1、

2节,阐述磁生电的现象和条件;第二单元是第3、4节,分别是定量研究感应电动势的产生和定性分析感应电流的方向;第三单元是第5节,可以认为本节内容是"探究电磁感应现象的本质";第四单元是第6、7节,是电磁感应知识的应用课。

在课程标准中对这章的要求是:

(1)收集资料,了解电磁感应现象的发现过程,体会人类探索自然规律的科学态度和科学精神。

(2)通过实验,理解感应电流的产生条件。举例说明电磁感应在生活和生产中的应用。

(3)通过探究,理解楞次定律和法拉第电磁感应定律。

(4)通过实验,了解自感现象和涡流现象。举例说明自感现象和涡流现象在生活和生产中的应用。

本章教学上的特点:

1. 重视电磁感应现象发现的历史。物理学的历史就是寻找不同自然现象之间的联系,追求统一解释的历史。奥斯特、法拉第等科学家在"自然力统一"思想的影响下,发现了"电生磁"和"磁生电",打开了电与磁联系的大门,经过麦克斯韦的进一步研究,建立了电磁理论,统一解释了各种电磁现象。

2. 注意提示电磁感应现象物理本质的研究;物理学追求认识自然界最普遍、最基本的规律。学生学习物理,也要注意养成刨根问底、悟物穷理的思维习惯,这有利于提高学生的理性思维能力。动生电动势和感生电动势知识的加入,就是这个思想的体现。

3. 注重联系实际、联系生活。电磁感应现象与现实生活联系非常紧密,注意通过实例分析,激发学生学习和进一步研究的兴趣;通过实例分析,让学生能更加深刻地理解概念和规律。

教学重、难点分析:

重点:本章教学重点包括动生电动势、感生电动势、感应电流等基本概念,法拉第电磁感应定律、楞次定律,自感现象等。

难点:本章教学难点是对动生电动势、感生电动势的理解。这要求学生能在深刻理解电磁感应定律基础上进行理论推导研究,学生擅长的是解题,即规律的应用,但对于动生电动势和感生电动势的理解,则关系到知识的生成、推导,往往物理学科的严谨就建立在对这些本质问题的研究。

二、教学建议

本章教学建议如下:

(1)利用科学史情景进行探究教学;

(2)注重实验探究,让学生多动手,通过实验理解相关知识;

(3)注重实例分析,这是降低本章教学难点的有效做法;

(4)不断总结归纳,使知识系统化。

具体章节的教材分析及建议

1. 划时代的发现

教材分析

教科书在许多重大课题开始的时候都拿出了一定的篇幅介绍当时的时代背景,目的是使学生感受到科学是人的活动的产物、科学的发展离不开社会的发展。这是融合科学教育与人文教育的努力之一。

教学建议

这节内容不必用很多时间在课堂上"讲",教师画龙点睛地提一下就可以了,学生完全能够通过自己的阅读了解它的精神。教师通过提出问题来引导学生思考。

（1）关于奥斯特的研究：

- 是什么信念激励奥斯特寻找电与磁的联系？
- 奥斯特的研究是一帆风顺的吗？奥斯特面对失败是怎样做的？
- 奥斯特发现电流磁效应的过程是怎样的？
- 电流磁效应的发现有何意义？

（2）关于法拉第的研究

- 奥斯特发现电流磁效应引发了怎样的哲学思考？法拉第持怎样的观点？
- 法拉第的研究是一帆风顺的吗？法拉第面对失败是怎样做的？
- 法拉第做了大量实验都是以失败告终,失败的原因是什么？
- 法拉第经历了多次失败后,终于发现了电磁感应现象,他发现电磁感应现象的具体的过程是怎样的？他发现了哪些电磁感应现象？
- 从法拉第探索电磁感应现象的历程中,你学到了什么？

（3）为电磁感应现象的发现做好铺垫

法拉第把引起电流的原因概括为五类,它们都与变化和运动相联系：① 变化的电流；② 变化的磁场；③ 运动的恒定电流；④ 运动的磁铁；⑤ 在磁场中运动的导体。

（4）展示法拉第研究的实验装置和手稿（图 4-12,图 4-13 和图 4-14）。

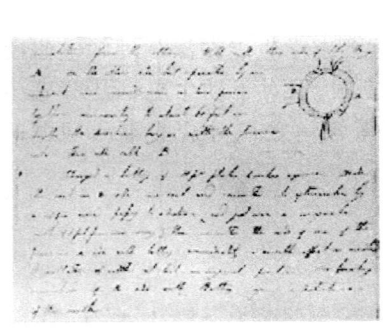

图 4-12

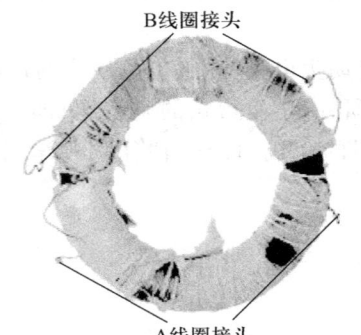

图 4-13

图 4-14

2. 探究感应电流的产生条件

教材分析

本节内容力图通过学生自己的探究,总结、归纳出感应电流的产生条件。本节的主要知识线索：复习、演示初中切割磁感线产生感应电流→提出问题：什么情况下可以产生感应电流→实验观察、收集证据→分析论证→归纳总结（磁通量 Φ 的变化）。教学的难点在于认识到感应电流的产生的原因归纳为磁通量的变化,是如何归因的？

教学建议

（1）学生有可能通过一节课（第2节）探究出电磁感应的产生条件吗？[①]

电磁感应的产生条件是以法拉第为代表的一群科学家通过许多年的探索才发现的，学生不可能在一节课的时间内完成前人所做的这么多工作。如果教师这样要求学生，反而会给学生错误的信号：科学探究是轻而易举的事。

这节课的题目用了"探究"二字，目的是引导学生通过自己的活动和自己的思考来主动地获得知识，也就是说，本课以这样的方式展开，目的在于改变学生的学习方式。从这个意义上讲，这节课的确体现了"探究的精神"。

（2）做好演示实验。

为了突破前面所说的教学难点，就要通过一个个实验的演示和分析，让学生们理解磁通量引入的必要性和感应电流产生的条件。除了书上的演示实验之外，还应该补充如下实验（图 4-15 和图 4-16）。

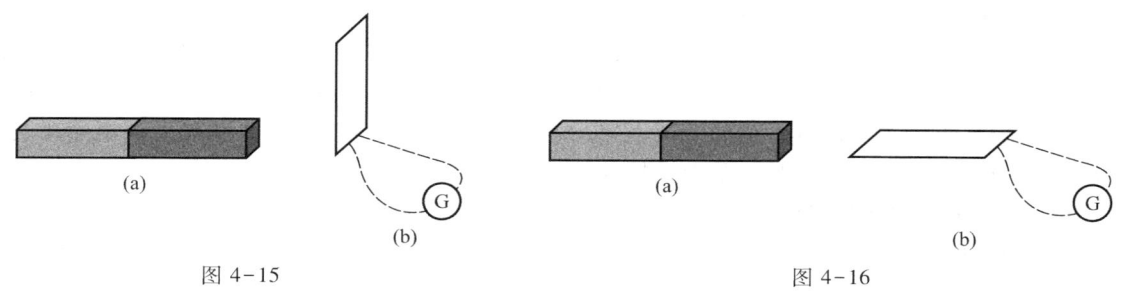

图 4-15　　　　　　　　　　图 4-16

将条形磁铁换成通电螺线管，通过几个实验，要让学生弄清楚实验装置，实验目的，需要观察什么？看到了什么？说明什么问题？

3. 楞次定律

教材分析

楞次定律是本章教学的重点和难点。一是涉及的因素多（磁场方向、磁通量的变化、线圈的绕向、电流方向、电流激发磁场方向等），关系复杂；二是规律隐蔽，抽象、概括性强。本节课的主要任务是引导学生通过实验探究过程，总结出感应电流的方向所遵循的一般规律——楞次定律，并对定律内容有初步的认识。在探究楞次定律后，通过应用楞次定律进行有关判断。书本的知识逻辑如下：

提出问题→实验探究→得出结论：楞次定律→楞次定律的应用→右手定律及应用

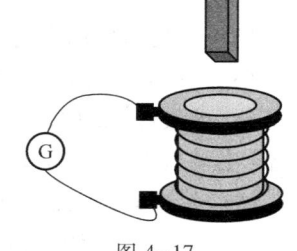

图 4-17

教学建议

（1）书上课文的逻辑思路特别清楚，要用心领会；

（2）如图 4-17 所示的探究性实验要让学生自己做、自己记录、探

[①] 人民教育出版社，等.物理选修 3-2 教师教学用书.北京：人民教育出版社，2010：10.

究。如果用实验室的多匝螺线管,一定先让学生找到所绕漆包线的始、末端,弄清绕线的走向。对照实物,如实画出四种螺线管图,分别研究插入线圈和拔出线圈时的指针偏转方向。如果让学生现场自制螺线管,效果更好。用家用保鲜膜(或卫生卷纸)的中央圆筒,给两米多长的细导线或漆包线,自己绕制螺线管并固定线头。这样的螺线管线圈的走向更加明显,更能激发学生学习兴趣。

教学中老师不要急于交底。让学生认真画图、操作、记录线圈绕向、磁铁 N、S 极及运动方向,感应电流方向等原始材料即可。其他事情让学生看书、琢磨、慢慢猜想、讨论直至得出结论。

(3) 总结得出楞次定律后,还可以以导体和磁体相对运动的角度理解楞次定律:感应电流总要阻碍磁体和闭合导体之间的相对运动,用这个观点可以对实验记录的四种情况逐一重复判断一下,加深对楞次定律的理解。

(4) 楞次定律的引入怎样体现探究精神?

楞次定律的困难在于表述。这节课的题目虽然没有"探究"二字,但也是以探究的方式展开的,不过所探究的主要是规律的表述方式。让学生独立地得出楞次定律的表述比较困难,教师按照教科书的思路,一步步地引领学生得到结论就可以了。教学中的探究与科学研究中的探究不一样,不一定要学生完全通过自己的活动去"发现"规律;教师把自己的思维过程展现给学生,让学生了解从现象到结论的过程,也是探究精神的体现。

(5) 右手定则的教学怎样体现探究精神?

探究的过程就是发现问题和解决问题的过程。在右手定则的教学中,教科书在"思考与讨论"栏目中设置了一个"问题串",帮助学生提出问题。学生经常经历这样的学习过程,将会逐渐形成提出问题的习惯,这样学生不仅学到了科学方法,也养成了质疑的习惯。这是情感态度价值观的教育。

在右手定则的教学中万万不能略去"思考与讨论"这个过程而简单地把结论告诉学生。这样做将使学生越来越懒,越来越不会思维。至于形式,倒也未必是师生一问一答。教师自己提出问题,给学生留出几秒、十几秒的思考时间,然后把几种可能的答案呈现出来,稍后,教师对自己的几种可能的答案做出评价,得出结论,转入下一个小问题;这也是一种讨论形式。

(6) 学史介绍——楞次定律和能量守恒定律

1833 年,俄国物理学家楞次(1804—1865)发表《论电磁感应引起的电流方向的决定》:如果一个金属导体在一个电流或磁体附近运动,其所产生的感应电流的方向是这样决定的,感应电流在磁场中受到的作用力与导线的运动方向相反。

1834 年,以"电动机-发电机"原理的形式提出这个定律:导线回路在磁场中运动时,产生感应电流(即发电机的电流)的方向,与通电导体回路在磁场力作用下做相同的运动时,应通过的电流(电动机电流)的方向相反。

磁通量的概念是法拉第于 1846 年提出的。

实质:产生感应电流的过程必须遵守能量守恒定律。

如果感应电流在回路中产生的通量加强引起感应电流的原通量变化,那么,一经出现感应电流,引起感应电流的磁通变化将得到加强,于是感应电流进一步增加,磁通变化也进一步加强……感应电流在如此循环中不断增加直至无限。从最初磁通微小的变化中(并在这种变化停止以后)得到无限大的感应电流。

如果由组成回路的导体作切割磁感线的运动而产生的感应电流在磁场中受的力的方向与运动方向相同,那么就会加快导体切割磁感线的运动,从而又增大感应电流。如此循环,导体的运动将不断加速,动能增大,且回路中电流能量和电路中产生的焦耳热都不断增大,却不需外界做功。

如果发电机转子绕组上的感应电流的产生,与作同样转动的电动机转子绕组上的电流方向相同,那么发电机转子绕组一经转动,产生的感应电流立即成了电动机电流,绕组将加速转动,结果感应电流进一步加强,转动进一步加速。如此循环,这个机器既是发电机可输出越来越大的电能,又是电动机,可以对外做功,而不花任何代价(除了最开始时,为使转子动起来而给它的能量),显然这违背了能量守恒定律。

4. 法拉第电磁感应定律

教材分析

前面几节的内容是从感应电流的角度来认识电磁感应现象,并且不涉及定量的计算,本节进一步深入到感应电动势来理解电磁感应现象,这是更本质的内容,同时要求进行定量研究。由于该实验在课堂上定量研究比较难,所以教材并没有通过实验探究,而是以陈述事实的方式引入,这样安排,也是符合学史发展的,物理多数定律的得出,不一定是直接归纳的结果,而是在分析了很多间接的实验事实后得出来的,定律的正确性还是要在应用和由此得到的推论来证实的。本节课的知识逻辑如下:

建立感应电动势概念→通过对实验定性分析,探索感应电动势跟哪些因素有关→得出感应电动势大小的一般表达式→利用法拉第电磁感应定律对"导体切割磁感线时的感应电动势"和"反电动势"这两种特殊情况进行分析。

本节重点是法拉第电磁感应定律。难点在于磁通量的变化和磁能量的变化率的理解。

教学建议

(1) 感应电动势比感应电流在电磁感应现象中是更本质的因素

导体中存在持续电流的条件:有电源且电路闭合,产生感应电流的条件,闭合导体中,磁通量变化,可知感应电动势与磁通量变化有关;当回路断开时仍有感应电动势,却没有电流了,这说明在电磁感应现象中,相比感应电流,感应电动势更能反映电磁感应现在的本质。

(2) 再次重复插拔磁铁产生感应电流的实验,这次不再是探究产生电磁感应现象的条件,而是研究实验中动作快慢与感应电流强弱这两件事之间的联系。磁通量有变化,磁通量变化大,磁通量变化快,到底哪件事直接关系感应电动势的大小?要从 $\Delta \Phi$ 和 Δt 两个因素对感应电动势的影响,再次体会比值定义的意义。至于 $E=\dfrac{\Delta \Phi}{\Delta t}$ 的系数为1,则是单位规定造成的结果。由速度、速度变化量、速度变化率类比磁通量、磁通量变化量、磁通量变化率的区别。

让学生体会磁通量变化快、单位时间内磁通量变化大、磁通量变化率大的说法基本上是一个意思。

如果 n 匝线圈,$E=n\dfrac{\Delta \Phi}{\Delta t}$,可以通过画出两匝或三匝线圈及电动势让学生体会到电动势是叠加的即可。

(3) 在导体切割磁感线产生感应电动势的问题中,是否要求掌握公式 $E=Blv\sin\theta$?

教科书里有这个公式,但没有应用这个公式的例题或练习题。基本要求还是运动方向与磁场方向垂直这样的简单情况。书中出现这个公式,目的是展现常用的方法:即所谓正交分解法。教科书从力学开始就屡次强调这个方法。教学中不妨给学生提出这样一个问题:导线的运动方向与磁场方向垂直,但导线本身与磁场的夹角为 θ,计算导线中感应电动势的公式应该是什么样的?能够回答这样问题的学生才算学"活"了。①

(4) 反电动势

反电动势的概念是从"思考与讨论"引入的,教学思路如下,所用的知识在括号中标出。

电源产生的电流使电动机的线圈受力而运动(安培力的方向)
↓
线圈运动时切割磁感线而产生感应电动势(电磁感应的产生条件)
↓
感应电动势使得线圈中的电流减小(右手定则)
↓
推动线圈转动的力变小(安培力的大小)
↓
这里的感应电动势称作反电动势

可以看到,以上"思考与讨论"中用到的知识都是本章最基本的知识,谁都不会否认熟练掌握这些知识的必要性。因此,完全可以把反电动势当作复习、应用这些知识的一个习题来处理。安排反电动势这样一个小节,编者的目的除了更紧密地联系实际之外,主要是落实这样的思想:通过有实际意义的物理情境来学习基础知识。

显而易见,既然反电动势在本书中是基本知识的应用,也就没有必要再行扩展了,也就是不应该再以反电动势的知识为基础来提出其他问题了。

实际情况是:电动机是由电能推动机械转动的。当动力矩和阻力矩平衡时,电动机匀速转动。当负载加重,阻力矩增大,线圈转速减小,反电动势将随之减小,由于 $I=\dfrac{E-E'}{R}$,电流将增大,输入功率也将增大,可见电动机的输入功率是随负载的增加而增大的。线圈中的电流增大,动力矩也增大,当动力矩增大到和阻力矩平衡时,电动机就在比刚才略小的转速下重新做匀速转动。当然这是最简单的电动机模型。

5. 其他内容概述

(1) 动生电动势和感生电动势

在电磁感应现象中,作为电源,谁来充当"非静电力"?这里分为两种情况:当导体不动,因磁场变化而产生的感应电动势称为"感生电动势";当导体以一定速度在磁场中运动时,产生的感应电动称为动生电动势。

产生感生电动势的非静电力来自于感应电场,它不同于静电场,它是涡旋电场。它的电场线是闭合曲线,而不是起始于正电荷终止于负电荷。涡旋电场的电场力是非保守力,做功与路径有关。涡旋电场的电场力是这里的非静电力。涡旋电场的存在已被众多事实证明,并有许多实际应用,如电子感应加速器。

产生动生电动势的非静电力是洛伦兹力。洛伦兹力做功产生动生电动势与上一章中说"洛

---

① 彭征.选修3-2编写思想.试教通讯:高中物理专辑(二),2007(3).

伦兹力总与电荷运动方向垂直,因而不做功"看似矛盾,实则不然。

教科书为什么要引入感生电动势和动生电动势两个不同的概念?

教科书对电动势的概念做了较为深入的分析,目的是加强"通过做功研究能量"这个思想。本章关于感生电动势和动生电动势的讨论是这一思想的延续。学习这一节时,着眼点应该放在感生电场和洛伦兹力这两点上;前者是为学习电磁波做准备,后者可以看作对前面知识的复习。

刻意区分两种电动势在中学物理教学中没有重要的意义,不要在这上面做文章。此书出版后出现了一些这方面的练习题,其实没有必要。为了避免对于编写思想的误解,2007年秋季再版的书中,修改了这节的标题,感生电动势和动生电动势这两个名词也不再使用黑体字,但节中的内容没有重要变化。

(2)在"互感和自感"一节的"思考与讨论"中,有必要把断电时灯泡闪亮的机理讨论得那么透彻吗?

物理课要就着"物"来说"理"。分析断电时灯泡闪亮的机理,要用到自感、右手定则的知识,还要涉及欧姆定律。分析这样一个真实有趣的例子,能够复习应用这么多基础知识,何乐而不为呢?不但如此,这样的分析是在鼓励学生对新鲜现象"刨根问底",这也是情感态度价值观的教育。

既然分析过程本身就是基础知识的一个应用,那么从这里再衍生出其他练习题也就没有必要了。

使用传感器和计算机可以很好地演示自感现象中电流的变化,教科书为什么还要以灯泡亮度变化演示自感现象?

设计教学演示实验的一个原则是,仪器要尽量简单,以减少干扰因素,突出物理现象;另一个原则是尽可能展现"出其不意"的现象,以激起学生的学习兴趣。与传感器和计算机的实验相比,用灯泡闪亮演示断电时自感现象的实验符合这两个原则。编者相信,即使今后实验技术高度发达,使用简单器材的教学演示也是不可少的。

6. 关于安培力做功与电路生热问题的解释

学生学习中总是对安培力做功的问题有误解,其根本原因还是没有把两个基本模型,即电动机和发电机搞明白。

导体棒在磁场中的运动,对应两个基本模型如下:

图4-18(a)发电机模型:给导体棒一个初速度v_0,在安培力作用下,导体棒减速;

图4-18(b)电动机模型:外接电源,开关闭合,在安培力作用下,导体棒加速。

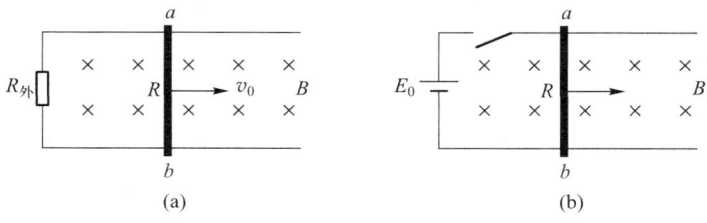

图4-18

两种模型中有很多问题值得研究,如导体棒的运动情况;电路中的电流变化情况;能量转化与守恒情况等。对于这些问题,我们通过对比,更能加深理解。

(1) 运动分析:这个问题前面已讨论过,只罗列如下。

	图 4-18(a)发电机模型	图 4-18(b)电动机模型
动生电动势	$E_动 = Blv$	$E_动 = Blv$
回路总电动势	$E = E_动$	$E = E_0 - E_动 = E_0 - Blv$(导体棒切割磁感线,产生反电动势)
回路总电流	$I = \dfrac{Blv}{R_外 + R}$($R_外$ 是外电阻,R 是导体棒电阻)	$I = \dfrac{E_0 - Blv}{R + R_i}$($R_i$ 是电源内阻,R 是导体棒电阻)
安培力和加速度		$F_安 = BIl, a = F_安/m$
运动分析	安培力与速度反向: v 减小,$E_动$ 减小,I 减小,$F_安$ 减小,a 减小,最终停止(图 4-19); 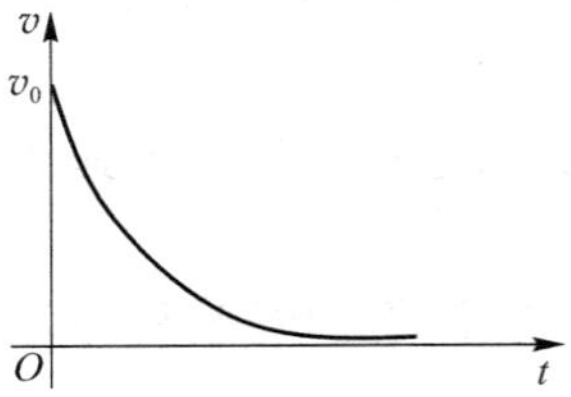 图 4-19	安培力与速度同向: v 增大,$E_动$ 增大,I 减小,$F_安$ 减小,a 减小,最终匀速(图 4-20); 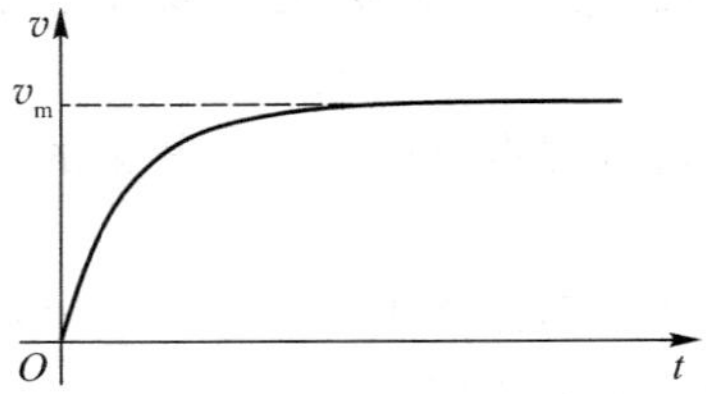 图 4-20

(2) 能量分析:从能量角度分析过程,包括两个层次,一,会从守恒角度想清楚过程中能量的转化;二,会从功能关系角度想清楚功与能量转化对应关系。

① 能量守恒:

	图 4-18(a)发电机模型	图 4-18(b)电动机模型
能量守恒	导体棒动能减少,转化为电路中的电能(由于是纯电阻电路,所以最终通过电流做功,转化为焦耳热) 导体棒动能→电路中的焦耳热 $\lvert \Delta E_k \rvert = Q_焦$	电源产生电能,一部分转化为电路中的焦耳热,另一部分转化为导体棒的动能 电源电能→电路中的焦耳热+导体棒动能 $E_电 = Q_焦 + \Delta E_k$

② 功能关系

a) 在两个问题中,导体棒都只受到安培力作用,所以根据动能定理,安培力做功都等于动能增量,即:

	图 4-18(a)发电机模型	图 4-18(b)电动机模型
安培力做功	$W_安 = 0 - \dfrac{1}{2}mv_0^2$	$W_安 = \dfrac{1}{2}mv_m^2 - 0$

一个做正功,一个做负功。

b) 安培力做功与电流通过电阻产生的焦耳热 $Q_焦$ 的关系

问题一:"安培力做功大小总等于电路中产生的焦耳热"对吗?

	图 4-18(a)发电机模型	图 4-18(b)电动机模型
"安培力做功大小总等于电路中产生的焦耳热"对吗?	由前分析: 导体棒动能→电路中的焦耳热 $\|\Delta E_k\| = Q_焦$ 对于导体棒,安培力是合外力,$W_安 = 0 - \frac{1}{2}mv_0^2 = \Delta E_k$, 所以导体棒克服安培力做功数值等于电路中产生的焦耳热。	由前分析: 电源提供电能→电路中的焦耳热+导体棒动能 $E_电 = Q_焦 + \Delta E_k$ 对于导体棒,安培力是合外力,$W_安 = \frac{1}{2}mv_m^2 - 0 = \Delta E_k$, 由上可见,安培力对导体棒做功与电路中产生的焦耳热之和等于电路总电能,而量值上是否相等没有必然关系。
	由上分析,可以得出,认为"安培力对导体棒做功大小等于电路中产生的焦耳热"的想法是不全面的,是否相等,要具体问题具体分析	

问题二:"在图(a)模型中,导体棒克服安培力做功等于电路中产生的焦耳热、在图(b)模型中,安培力对导体棒做功与电路中产生的焦耳热无必然关系。"本质原因是什么?或者说,到底什么情况下,二者相等呢?

这个问题,我们可以从安培力功率、电路总电功率和发热功率分别是什么来分析,当然我们讨论的是瞬时功率。

	图 4-18(a)发电机模型	图 4-18(b)电动机模型	备注
对导体棒	受到安培力大小:$F_安 = Bil$, 克服安培力做功功率:$P_克 = F_安 v$ 则 $P_克 = Bilv = i(Blv)$ 由法拉第电磁感应定律,$E_动 = Blv$ 所以 $P_克 = iE_动$	受到安培力大小:$F_安 = Bil$, 安培力做功功率:$P_克 = F_安 v$ 则 $P_克 = Bilv = i(Blv)$ 由法拉第电磁感应定律,$E_动 = Blv$ 所以 $P_克 = iE_动$	证明到此,二者均一致
对于回路	总电动势 $E = E_动$ 因为是纯电阻电路 所以电流 $i = \frac{E}{R+R_外} = \frac{E_动}{R+R_外}$ 所以焦耳热功率 $P_热 = i^2(R+R_外) = iE_动$	总电动势 $E = E_0 - E_动$ 设 R 是导体棒电阻,R_i 电源内阻, 所以电流 $i = \frac{E}{R+R_i} = \frac{E_0 - E_动}{R+R_i}$ 所以焦耳热功率 $P_热 = i^2(R+R_i) = i(E_0 - E_动)$ (其中电源总功率 $P_{电源} = iE_0$)	注意不同之处主要在于电路中的总电动势不同

结论	图 4-18(a)发电机模型	图 4-18(b)电动机模型	备注
	$P_{热}=P_{克}$ 所以导体安培力做功数值上等于电路中产生的焦耳热。	$P_{热}=P_{电源}-P_{安}$ 即电源提供总电能一部分等于电路中的焦耳热,另一部分用于克服反电动势而对外做功即安培力做功,转化为导体棒的机械能。这就是电路中电动机问题的能量转化啊,如图 4-21 所示。 图 4-21	

由以上分析,我们可以知道,在以下条件下,"安培力做功数值上与电路中的焦耳热是相等的":

(1)安培力做负功或者说导体棒克服安培力做功;
——图(a)模型符合、图(b)模型不符合
(2)回路中只有导体棒切割产生的动生电动势;
——图(a)模型符合、图(b)模型不符合
当符合上述两个条件时,我们可以说,导体棒克服安培力做功等于电路中的总电能;
再加上条件:
(3)纯电阻电路;
则导体棒克服安培力做功等于电路中的焦耳热了!

例 1:如图 4-22 所示,在图 4-18(a)模型电路中加一个电容器,同样是给导体棒一个初速度,经过一段时间,导体棒动能增量大小为 $|\Delta E_k|$,电阻 $R_{外}$ 和导体棒上电阻 R 生热 Q,导体棒克服安培力做功为 W,则下列说法正确的是(   )

A. $W=|\Delta E_k|$
B. $W<|\Delta E_k|$
C. $W=Q$
D. $W>Q$

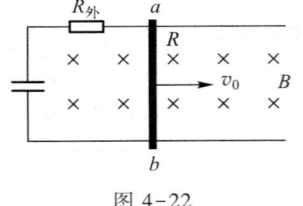

图 4-22

解答:对导体棒,受力分析可知,只受安培力,根据动能定理 $W=|\Delta E_k|$,A 正确,B 不正确。

本过程中的最终稳定状态是,导体棒的速度降到某一值时,使导体棒两端电压等于电容器两端电压,即 $Blv=q/C$,其中 q 为电容器带电荷量。

此过程符合前文所述条件(1)(2),但不符合(3)

所以:导体棒动能减少＝电路中的焦耳热＋电容器储存的电能。

即:$W = Q + E_{电容器}$,所以 D 也正确。

例2:如右图 4-23,磁感应强度为 B,导轨间距为 l。质量为 m 的导体棒 ab 在水平向右的变力 F 作用下,由静止开始以加速度 a 做匀加速直线运动,导体棒 ab 电阻为 R,外电阻为 $R_{外}$,求 t 时刻,导体棒 ab 上的生热功率 $P=$?

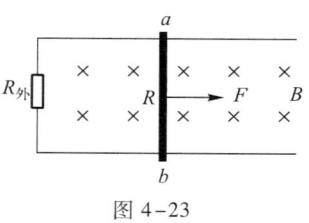

图 4-23

答案:从电路知识入手:

$$P = I^2 R = \left(\frac{E}{R_{外}+R}\right)^2 R = \left(\frac{Blv}{R_{外}+R}\right)^2 R = \left(\frac{Blat}{R_{外}+R}\right)^2 R$$

本模型中,ab 克服安培力做功功率也等于电路中总生热功率(证明同上)

$$P = \frac{R}{R_{外}+R} P_{克} = \frac{R}{R_{外}+R} BIlv = \frac{R}{R_{外}+R} B \frac{Blv}{R_{外}+R} lv = \left(\frac{Blv}{R_{外}+R}\right)^2 R = \left(\frac{Blat}{R_{外}+R}\right)^2 R$$

结论同上。

教师可以指导同学们试着分析"双杆问题"中的安培力做功问题,这也很有意思。

结束语

匆忙之中完成书稿,心情十分复杂,总感觉意犹未尽。

在编写本书的过程中,编者认真学习了张同恂先生编写的《初中物理教材分析和研究》,以及乔际平、张宪魁两位先生编写的《初中物理教材的选择与分析》。虽与几位先生从未谋面,但从著作中能体会到他们对物理教育的热爱,钦佩他们物理教育水平之高。所以编成此书的过程,就是自己的一次认真学习的过程,而且是越学习,越觉得自己要学习的东西太多。

编者自执教以来,一直都在北京市西城区的学校工作,西城区中学物理教育有着非常好的教育传统,一大批物理名师给我们留下了宝贵的教育教学资料,感觉自己永远学不完。在编写本书的过程中,就从西城区研修学院物理室前主任、特级教师郭震伦先生那儿学习了很多,郭先生将他退休后手写的备课资料无偿提供给全区教师,其中蕴含了太多智慧。在本书中,也选择了一些收入书中。

在此,对几位老师表达最真诚的谢意。

当然由于编者水平有限,书中难免有错,同时作为教材分析,难免有争议的内容,欢迎读者批评指正。

编者
2016年4月

主要参考文献

[1] 张同恂.初中物理教材分析和研究[M].北京:人民教育出版社,1998.

[2] 乔际平,张宪魁.初中物理教材的选择与分析[M].北京:高等教育出版社,1993.

[3] 阎金铎,田世昆.初中物理教学理论[M].北京:高等教育出版社,1989.

[4] 阎金铎,王志军,俞国祥.中学物理教材教法[M].北京:北京师范大学出版社,1998.

[5] 中华人民共和国教育部.普通高中物理课程标准(实验)[M].北京:人民教育出版社,2003.

[6] 乔际平,续佩君.物理教育学[M].南昌:江西教育出版社,1992.

[7] 试教通讯:高中物理专辑(一)、(二)[M].北京:人民教育出版社,2006.

[8] 人教版高中物理教材必修1、必修2、选修3系列及教师用书[M].北京:人民教育出版社.

[9] 郭震伦.高中物理备课资料(手写稿·非出版物).

郑重声明

高等教育出版社依法对本书享有专有出版权。任何未经许可的复制、销售行为均违反《中华人民共和国著作权法》，其行为人将承担相应的民事责任和行政责任；构成犯罪的，将被依法追究刑事责任。为了维护市场秩序，保护读者的合法权益，避免读者误用盗版书造成不良后果，我社将配合行政执法部门和司法机关对违法犯罪的单位和个人进行严厉打击。社会各界人士如发现上述侵权行为，希望及时举报，我社将奖励举报有功人员。

反盗版举报电话　　（010）58581999　58582371

反盗版举报邮箱　　dd@hep.com.cn

通信地址　　北京市西城区德外大街4号　高等教育出版社法律事务部

邮政编码　　100120

读者意见反馈

为收集对教材的意见建议，进一步完善教材编写并做好服务工作，读者可将对本教材的意见建议通过如下渠道反馈至我社。

咨询电话　　400-810-0598

反馈邮箱　　hepsci@pub.hep.cn

通信地址　　北京市朝阳区惠新东街4号富盛大厦1座

　　　　　　高等教育出版社理科事业部

邮政编码　　100029